Der Aszendent im Horoskop

Georg Haddenbach

Der Aszendent im Horoskop

Sich und andere besser verstehen leicht gemacht

Im FALKEN Verlag sind zahlreiche weitere Titel zu den
Themenbereichen „Astrologie und Horoskop" erschienen.
Sie sind überall erhältlich, wo es Bücher gibt.

Vom gleichen Autor:
Partnerschafts-Horoskop (60610)
Die 12 Sternzeichen (60032)
Chinesisches Horoskop (60006)
Traumdeutung (60045)

Sie finden uns im Internet: **www.falken.de**

Der Text dieses Buches entspricht den Regeln
der neuen deutschen Rechtschreibung.

Dieses Buch wurde auf chlorfrei gebleichtem
und säurefreiem Papier gedruckt.

ISBN 3 635 60673 1

© 2001 by FALKEN Verlag, 65527 Niedernhausen/Ts.
Umschlaggestaltung: Martina Eisele Grafik Design, München
Gestaltung: Christina Dinkel
Redaktion: Sabine Nachtwey, Peine / Vera Baschlakow
Herstellung: Petra Becker
Satz: MGX Media, Wiesbaden
Druck: Freiburger Graphische Betriebe GmbH, Freiburg

Die Ratschläge in diesem Buch sind von Autor und Verlag sorgfältig erwogen
und geprüft, dennoch kann eine Garantie nicht übernommen werden. Eine
Haftung des Autors bzw. des Verlags und seiner Beauftragten für Personen-,
Sach- und Vermögensschäden ist ausgeschlossen.

817 2635 4453 6271

Inhalt

Vorwort

Fast jeder von uns weiß, in welchem Tierkreiszeichen er geboren wurde. Aber immer häufiger stellen sich astrologisch interessierte Menschen die Frage, welchen Aszendenten sie wohl haben.

Leider wissen die Wenigsten, welches Tierkreiszeichen in der Minute ihrer Geburt am östlichen Horizont gerade aufging. Daher soll in diesem Buch von den Aszendenten die Rede sein, und die Lektüre soll Sie in die Lage versetzen, diesen individuellsten Punkt Ihres eigenen Horoskops einigermaßen genau zu errechnen.

Dieser wichtige Punkt spezifiziert nämlich die Aussagen eines Horoskops nicht nur, sondern erweitert unser Wissen um Schicksalsfragen, die sich die Astrologie seit Jahrtausenden stellt. Bei einem Schützen oder einer Jungfrau beispielsweise kann das zweite Zeichen, eben der Aszendent, eventuell so stark auf den Charakter oder das ganze Leben einwirken, dass man – um beim Beispiel zu bleiben – kein Original-Schütze bzw. keine Original-Jungfrau mehr ist, sondern in seinem Wesen vielleicht mehr zu dem Tierkreiszeichen des Aszendenten tendiert.

Fast jeder von uns hat – egal, in welchem Tierkreiszeichen er geboren wurde – von seinem eigenen Aszendenten irgendeine Charakteranlage mitbekommen. Sie gilt es mithilfe dieses Buches zu ergründen. Aber keine Angst! Sie brauchen keine Rechenkunststücke zu vollführen, wenn Sie darangehen, diesen so wichtigen Punkt in einem Horoskop zu errechnen. Sie werden nämlich alles Nötige dazu an die Hand bekommen.

Und nun wünsche ich Ihnen viel Spaß beim Lesen und Ergründen Ihrer eigenen Anlagen oder derer Ihrer Freunde!

Georg Haddenbach

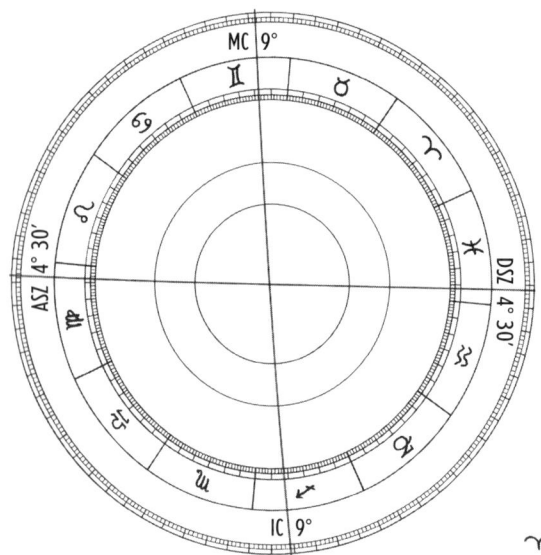

Abb. 1: Beispiel-Horoskop eines am 5. April 1944,
17.10 Uhr im Tierkreiszeichen Widder Geborenen
(Aszendent Jungfrau, Medium coeli Zwillinge)

♈	Widder
♉	Stier
♊	Zwillinge
♋	Krebs
♌	Löwe
♍	Jungfrau
♎	Waage
♏	Skorpion
♐	Schütze
♑	Steinbock
♒	Wassermann
♓	Fische

Auf die Geburtsminute kommt es an

Das Tierkreiszeichen, in das wir hineingeboren wurden und das vom Sonnenstand abhängt, gibt astrologisch nur die Richtung an, in der wir uns auf unserem Lebensweg bewegen könnten. Die Aussagekraft eines Horoskops ist jedoch von vielen Komponenten abhängig, die im Zusammenwirken erst das Schicksalsbild eines Menschen ergeben.

Einer der wichtigsten Punkte in einem Horoskop ist der Aszendent, also der zur Geburtsminute eines Menschen gerade am östlichen Horizont aufgehende Grad eines Tierkreiszeichens, das unserem Geburtssternbild gewissermaßen hilfreich zur Seite tritt und dessen Aussagen mehr oder weniger verfeinert.

Der Aszendent umschreibt mit anderen Worten unser Ich und das, was wir daraus machen. Diesem Ich liegt das Du genau gegenüber. Es wird astrologisch als Deszendent bezeichnet. Die Linie, die beide Punkte verbindet, ist die Horizontalachse unseres Horoskops, welche dieses in zwei Hälften teilt: in den inneren Bereich (auf einer Horoskopdarstellung unten) und in den darüber liegenden äußeren Bereich. Da in einem Horoskop immer im entgegengesetzten Uhrzeigersinn gelesen wird, umschreibt die Strecke vom Aszendenten im Osten zum Deszendenten im Westen den Weg vom Ich zum Du, während die Strecke vom Deszendenten zum Aszendenten unser Wirken nach außen umschreibt. Von entscheidender Bedeutung ist nicht nur das Wissen um Geburtsort und Geburtsdatum, um ein Horoskop zu erstellen, wichtig ist vor allem, in welcher Minute der Horoskopeigner geboren wurde.

Viele von Ihnen kennen vermutlich ihren ungefähren Geburtszeitpunkt, da Ihre Mutter Ihnen Auskunft darüber geben konnte.

Bei anderen steht die genaue Uhrzeit eventuell schon im Familienstammbuch oder auf dem Geburtsschein. Sind diese Möglichkeiten erschöpft, sollte man beim Standes- oder Einwohnermeldeamt seines Geburtsortes eine große Geburtsurkunde anfordern; denn seit Ende des 19. Jahrhunderts sind diese Ämter verpflichtet, die vom Arzt oder von der Hebamme angegebene Geburtszeit zu registrieren, auf die es bei der Errechnung eines Horoskops nun einmal ankommt.

Man kann sich auch mit einer Tageskonstellation zufrieden geben, die man dann freilich mit Abertausenden Menschen gemeinsam hat, die am selben Tag geboren wurden. Der schwierigste Weg: Man tastet sich Schritt für Schritt an die wahrscheinliche Geburtsminute heran, was natürlich einige Erfahrung mit den astrologischen Deutungen und noch mehr Selbsterkenntnis erfordert. Da sind die paar Mark, die eine große Geburtsurkunde kostet, wohl doch gut angelegt.

Sicher weiß jeder, in welchem Tierkreiszeichen er geboren wurde und welche Charaktereigenschaften diesem astrologischen Zeichen im Allgemeinen zugeschrieben werden. Doch relativ wenige Menschen kennen ihren Aszendenten, also jenes Tierkreiszeichen, das in der Minute ihrer Geburt am Horizont des östlichen Himmels gerade aufging und das nach astrologischer Überlieferung den menschlichen Charakter entscheidend mitprägen soll.

Doch lassen Sie uns zunächst einige Vorbemerkungen machen und ein paar Fragen (astro-)logisch klären.

Tierkreis und Planetenbahn

Der Tierkreis ist die Bahn, die Sonne, Mond und Planeten – vom Auge des Betrachters auf der Erde aus gesehen – vermeintlich am Himmel ziehen. Der Astrologe weiß natürlich, dass zum Beispiel die Sonne einmal jährlich von der Erde umrundet wird und dass sich die Erde täglich einmal um ihre eigene Achse dreht. Dieses Wissen ist aber nicht deckungsgleich mit dem, was er schaut.

Der Ort, von dem aus ein Mensch das Sternenzelt betrachtet, ist ein fester Standplatz, von dem aus er Sonne, Mond und die Planeten mal hier und mal dort stehen sieht. Mit anderen Worten: Sie laufen vom Auge des Betrachters aus am Himmel entlang.

Die scheinbare Bahn der Sonne nennt man Ekliptik. Es ist der größte Kreis am Himmelsgewölbe, den die Sonne jährlich von Ost nach West zurückzulegen scheint. Jeder Kreis hat bekanntlich 360 Grad – auch der, den wir Ekliptik nennen und der seit Jahrtausenden in zwölf Abschnitte von je 30 Grad aufgeteilt ist: in die Tierkreiszeichen.

Der Himmelsäquator ist gegen die Ekliptik, den Tierkreis, um etwa 23 1/2 Grad geneigt, bildet aber astrologisch eine Linie mit dem Äquator der Erde, wie auch die gedachten Pole des Himmelsgewölbes in einer Linie mit den Polen unserer Erde stehen. Die Schnittpunkte der Ekliptik mit dem Äquator nennt man die Tagundnachtgleichen. Oder besser gesagt: Wenn die Sonne an einem dieser Punkte steht, sind Tag und Nacht gleich lang. Man nennt sie auch den Frühlings- und den Herbstpunkt. Wenn die Sonne am Frühlingspunkt angekommen ist, beginnt das astrologische Jahr.

Weil man schon vor Jahrtausenden die Sternbilder meist nach Tieren benannte, die angeblich von Göttern an den Himmel ver-

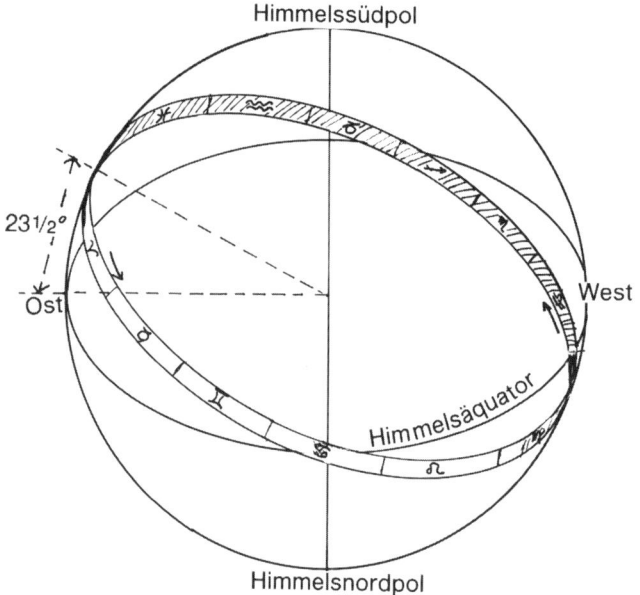

Abb. 2: Schematische Darstellung des Tierkreises: Mit dem Frühlingspunkt beginnt das astrologische Jahr im Widder. Fs läuft in entgegengesetzter Richtung des Uhrzeigers.

bannt wurden, heißt die Ekliptik auch Tierkreis. Obwohl seine zwölf Abschnitte längst nicht mehr alle Tiernamen haben und sich die Tierkreiszeichen nicht mit den gleichnamigen Sternbildern decken, blieb es astrologisch bei diesen Zeichen.

Am Frühlingsanfang, dem 21. März, beginnt das astrologische Jahr mit dem Widder. Es folgen Stier, Zwillinge, Krebs, Löwe, Jungfrau, Waage, Skorpion, Schütze, Steinbock und Wassermann, bis die Fische das Jahr beschließen.

Der Frühlingspunkt, der vor etwa 2 000 Jahren deckungsgleich mit dem Sternbild Widder war, liegt heute längst im Wassermann. Gegner der Astrologie schlossen aus dieser Tatsache, dass die gesamte astrologische Wissenschaft Scharlatanerie sei. Dem halten aber die Astrologen entgegen, dass die Tierkreiszeichen, vor über 2 000 Jahren einmal nach den Sternbildern benannt, nur eine

Einteilung auf der Sonnen- und Planetenbahn seien. Man übernahm also Namen, gleichzeitig aber auch die Jahrtausende alten Erfahrungen der Sterndeuter, die mit wissenschaftlicher Akribie in die heutige Zeit übertragen wurden, wobei sie freilich durch neue Erkenntnisse bereichert wurden.

Die Tierkreiszeichen

Im Gegensatz zu geographischen Karten liegt bei astrologischen Darstellungen der Westen rechts, der Osten links vom Betrachter, der Himmelssüdpol befindet sich oben, der Himmelsnordpol unten. Im Osten beginnt das Jahr am Frühlingspunkt mit dem Widder und wandert dann entgegengesetzt zum Uhrzeigersinn durch die übrigen Tierkreiszeichen. Und das sieht dann folgendermaßen aus:

Widder	21. März bis 20. April
Stier	21. April bis 20. Mai
Zwillinge	21. Mai bis 21. Juni
Krebs	22. Juni bis 22. Juli
Löwe	23. Juli bis 23. August
Jungfrau	24. August bis 23. September
Waage	24. September bis 23. Oktober
Skorpion	24. Oktober bis 22. November
Schütze	23. November bis 21. Dezember
Steinbock	22. Dezember bis 20. Januar
Wassermann	21. Januar bis 19. Februar
Fische	20. Februar bis 20. März

In diesem Zusammenhang ist erwähnenswert, dass die Namen der einzelnen Tierkreiszeichen fast alle aus der griechischen Mythologie stammen.

So soll ein goldener *Widder* den Königssohn Phrixos und seine Schwester Helle vor dem Opfertod gerettet haben, indem er mit ihnen durch die Luft nach Kolchos flog. Helle stürzte bei den Dardanellen vom Rücken des Widders ins Wasser, weshalb man den Meeresteil dort Hellespont taufte. Phrixos aber kam heil an.

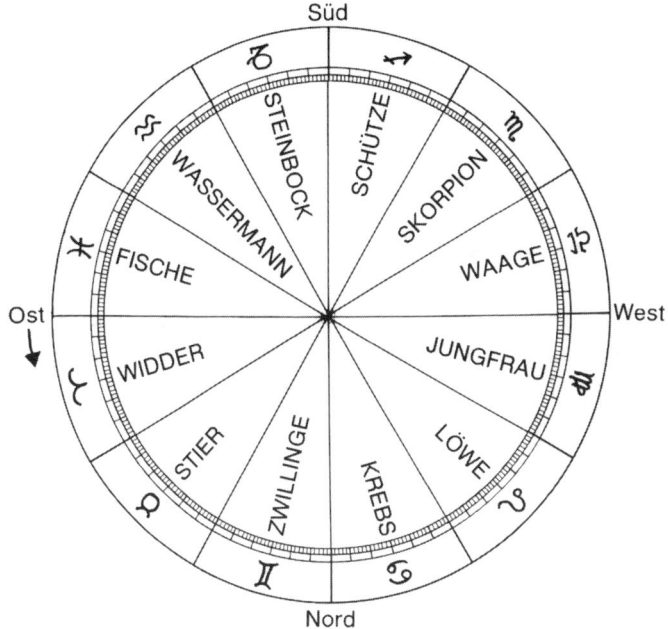

Abb. 3: Genau entgegengesetzt zum Uhrzeigersinn verläuft der Tierkreis. Er beginnt im Osten im Zeichen Widder. Der Südpol ist oben, der Nordpol unten.

Den Widder opferte er Zeus, der das Tier als Sternbild an den Himmel setzte. Zuvor hatte man dem Widder das Fell (das goldene Vlies) abgezogen.

Als *Stier* verkleidet, entführte der Göttervater Zeus die phönizische Königstochter Europa zur Insel Kreta. Sie gebar ihm drei Söhne. Mutter Europa gab unserem Erdteil seinen Namen. Und in Erinnerung an die schönen Stunden mit der phönizischen Prinzessin versetzte der allmächtige Zeus den Stier als Sternbild an den Himmel.

Nach der griechischen Sage waren Kastor und Polydeukes (lateinisch: Castor und Pollux) unzertrennliche *Zwillinge*, deren Herkunft aber etwas unklar war. Ihre Mutter Leda hatte nämlich kurz nacheinander mit dem Spartanerkönig Tyndareos und dem olympischen Zeus geschlafen. Der sterbliche Kastor galt als Sohn des Tyndareos, Polydeukes als Sohn des Zeus. Eines Tages wurde Kastor bei einem Streit mit einem anderen Zwillingspaar erschlagen, während der unsterbliche Polydeukes als Sieger hervorging. Kastor hätte im Hades schmoren müssen, doch Polydeukes holte ihn aus der Unterwelt heraus. Bei so viel Bruderliebe hatte Zeus ein Einsehen und ließ beide abwechselnd im Götterhimmel und im Hades Dienst tun. Später wohl versetzte er die unzertrennlichen Zwillinge als Sterne an den Himmel, und die alten Griechen verehrten sie als Helfer in der Schlacht und als Retter aus Seenot.

Ein riesenhafter *Krebs* sollte auf Veranlassung der zu Recht eifersüchtigen Zeusgattin Hera ihren Stiefsohn, den Heroen Herakles, beim Kampf mit der vielköpfigen Lernäischen Hydra ablenken. Der Krebs wurde jedoch von Herakles einfach zertreten, worauf Hera das Schalentier zum Sternbild erhob, obwohl es seinen Auftrag gar nicht erfüllt hatte.

Herakles war auch schuld daran, dass der Nemeische *Löwe* zum Sternbild wurde. Nachdem er das unverwundbare Tier erlegt hatte, zauberte Hera es einfach an den Himmel.

Anders war das mit Dike oder Astraia, der Göttin der Gerechtigkeit, die nach der griechischen Mythologie, enttäuscht von den Menschen und den Göttern, die Erde verließ und sich als *Jungfrau* im Himmelsbild verehren ließ.

In der Antike war das Sternbild *Waage* als Teil des Skorpions bekannt und wurde auch als die „Scheren des Skorpions" geführt. Erst im 7. Jahrhundert nach Christi Geburt bürgerte sich die Bezeichnung Waage ein.

Der *Skorpion*, der im Auftrag der Jagdgöttin Artemis den Jäger Orion tötete, wurde zur Belohnung „versternt", was dem Orion nichts ausmachte, weil er selbst zum Sternbild würde.

Als Urbild des *Schützen* wird ein Zentaur – halb Mensch und halb Pferd – angesehen, der als Spielgefährte der Musen ein recht flotter Bursche gewesen sein muss. Das imponierte dem göttlichen „Playboy" Zeus wohl so sehr, dass er ihm als treffsicherem Schützen ein Denkmal an den Himmel setzte.

Ein Sohn des halb ziegengestaltigen Hirtengottes Pan hatte die Gestalt eines *Steinbocks*. Er war auf dem kretischen Berg Ida der Milchbruder des jungen Zeus, dem er später im Kampf gegen die Titanen beigestanden haben soll, weshalb der Göttervater ihn mit einem Sternbild belohnte. In Babylonien war dieses Tierkreiszeichen übrigens schon unter dem Namen Ziegenfisch bekannt.

Ganymed, ein schöner Jüngling, war Mundschenk der Götter auf dem Olymp. Als solcher soll er ihnen täglich ein Verjüngungsmittelchen gereicht haben, weshalb man ihn als *Wassermann* zum leuchtenden Vorbild an den Himmel hing.

Ein Riese muss Aphrodite, die griechische Göttin der Liebe und der Schönheit, und ihren Geliebten, den schönen Jüngling Adonis, beim Liebesspiel einmal so erschreckt haben, dass sich die beiden ertappten Verliebten als *Fische* ins Meer stürzten, worauf ihre „Tarnbekleidung" von Pallas Athene als leuchtendes Sternbild verewigt wurde.

Die meisten Sternbilder waren schon den Babyloniern bekannt, die viel für die Entwicklung des Abendlandes getan haben. Im Vorderen Orient war der Astrologe ein recht angesehener Mann. Seine Kunst, aus dem Stand der Planeten menschliches Schicksal zu weissagen, galt als göttliche Eingebung. Viele Priester versuchten es den astrologischen Wahrsagern gleichzutun und die Ratschlüsse der Götter auf diesem Wege dem Volk zu vermitteln.

In Babylonien wusste man ebenso wie in Griechenland schon von der wundersamen Wirkung der Gestirnstände zur Geburtsminute auf den menschlichen Charakter. Die babylonischen Astrologen sind daher bis auf den heutigen Tag Vorbild für alle Sternenforscher.

Die Sonne bringt es an den Tag

Das Einzige, was in einem Horoskop nicht ausgerechnet werden muss, ist das Tierkreiszeichen, in dem wir geboren wurden. Es ist gewissermaßen eine durch den Sonnenstand vorgegebene feste Größe, um die sich alles dreht. Es bestimmt astrologisch unsere charakterlichen Anlagen, die freilich durch die Berechnung der weiteren Wirkkräfte in einem Horoskop, wie zum Beispiel der des Aszendenten, klarer erfasst und bei vielen von uns korrigiert werden können.

Wir wollen nun die einzelnen Tierkreiszeichen Revue passieren lassen, die sehr viel über unser Verhalten gegenüber unserer Umwelt aussagen. Diese Aussagen sind das Rüstzeug für das Erkennen unserer charakterlichen Eigenschaften, die allerdings durch die Aussagen des Aszendenten präzisiert werden.

Durch die Ost-West-Achse, die den astrologischen Horizont zwischen Aszendent (ASZ) und Deszendent (DSZ) bildet, wird unser Horoskop wie bereits erwähnt in einen Innen- und einen Außenbereich geteilt. Den vom Betrachter auf der Erde aus gesehenen höchsten Punkt über diesem Horizont nennt man die Himmelsmitte oder das Medium coeli (MC), das mit dem unter dem Horizont liegenden Imum coeli (IC) verbunden die Vertikalachse im Horoskop darstellt.

Im letzten Teil dieses Buches werden wir zeigen, wie der Aszendent und das Medium coeli für jeden Einzelnen ausgerechnet werden. Der Aszendent, also das in der Geburtsminute am östlichen Himmel aufgehende Tierkreiszeichen, ist der wichtigste Punkt, das Medium coeli oder die Himmelsmitte der zweitwichtigste Punkt in einem Horoskop. Darüber wird später noch ausführlich berichtet.

Zunächst aber wollen wir die charakterlichen Anlagen der zwölf Tierkreistypen und die Abweichungen beleuchten, die sich durch die jeweiligen Aszendenten ergeben. Und die Leser werden sehen, dass auch sie zwei Tierkreiszeichen besitzen, die sich ergänzen, aber ebenso in einzelnen Fällen widersprechen können. An dieser Stelle sei noch angemerkt, dass der Aszendent im Sprachgebrauch zwar männlich ist, seine Aussagen aber auf Personen beiderlei Geschlechts zutreffen.

Der Antriebsmotor namens Widder

Unterm Widder zwischen dem 21. März und dem 20. April geborene Menschen stammen aus einem männlichen Zeichen, das stark geist- und willensbetont ist. Sie handeln impulsiv und sind sehr aktiv, neigen aber auch zur Überschätzung ihrer Kräfte. Sie planen durchdacht, verlieren jedoch bei der Ausführung oft die rechte Lust und überlassen anderen den endgültigen Vollzug.

Das Element des Widders ist das Feuer, das seine Leidenschaften anfacht. Wenn die Menschen dieses Zeichens etwas wollen, setzen sie es auch durch. Ihr Ehrgeiz ist durch nichts zu bremsen. Sie können rasch reagieren. Das cholerische Temperament reißt sie nach vorn. Leider sind sie in manchen Dingen etwas hemmungslos und brausen jähzornig auf, wenn sie ihrer Meinung nach unberechtigten Widerspruch erfahren.

Widder-Menschen ergreifen selbst die Initiative zum Handeln und streben stets zur Macht. Das wird ihnen oft als Selbstsüchtigkeit und pure Herrschsucht ausgelegt. Mars, der rote Planet, ist ihr Pate. Er verleiht ihnen Mut, Tatkraft und Fleiß. Er lässt sie aber auch ohne Rücksicht auf Verluste voranstürmen, wobei sich schon mancher Widder Beulen holte.

Der Antriebsmotor des Widders ist seine stets vorwärtstreibende Energie. Sein Tempo reißt auch andere mit, die sich dem Widder-Menschen sogar willig unterordnen. Oft ist es aber nur ein Blindlings-drauflos-Stürmen, das die eigenen Kräfte überschätzt und gesundheitlich schadet. Vor allem der Kopf, mit dem der Widder ja immer gleich durch die Wand will, ist gefährdet. Aber auch das Gehör, die Augen und die Bronchien sind Schwachstellen bei ihm.

Trotzdem braucht sich ein Widder-Mensch kaum Sorgen um seine Gesundheit zu machen, da er im Allgemeinen rechtzeitig abschalten kann, wobei er besonders die Erholung in der Natur schätzt. Er wandert gern und sammelt auf Schusters Rappen jene Kondition, die solch ein kraftbetonter Typ braucht, um den Lebenskampf ohne Blessuren zu überstehen.

Obwohl ein Widder-Geborener irgendwann in seinem Leben finanziell abgesichert sein wird, ist er kaum aufs Geld versessen. Lob spornt ihn vielmehr zu Höchstleistungen an, die schließlich dann auch gut bezahlt werden.

Frauen und Männer aus diesem Tierkreiszeichen strahlen sehr viel Selbstbewusstsein aus. Sie sind in fast allen Berufen anzutreffen, was nicht bedeutet, dass sie keine Lieblingsjobs hätten. Als Manager in der Industrie und als Abgeordnete in der Politik haben sie oft das Sagen und lassen keinen Widerspruch zu.

Bei den Männern sind technische Berufe sehr gefragt, aber auch als Soldaten und Polizisten machen sie eine gute Figur. Widderbetont sind ebenfalls Berufe von Facharbeitern, die im Akkord schaffen müssen. In der Medizin neigen Widder-Männer zur Chirurgie, während die Frauen dieses Feuerzeichens zu den Naturwissenschaften drängen. Laut Statistik sind deren Lieblingsberufe jedoch Ärztin, Hebamme, Krankenschwester und Sportlehrerin. Frauen wie Männer unterm Widder setzen sich im Verlagswesen oder als Journalisten durch. Im Normalfall hat fast jeder Widder-Mensch gute Chancen aufzusteigen.

Mars, ihr Pate, verleiht seinen Schützlingen glutvolle Leidenschaft im zwischenmenschlichen Bereich. Sie wollen ihren Partner mit Haut und Haaren besitzen, wobei sie freilich mit so viel Zärtlichkeit vorgehen, dass manch einer gar nicht spürt, wie sehr sein Widder-Liebling bestimmt, wo es langzugehen hat.

Ein Mann aus diesem Feuerzeichen erobert jede Frau, auf die er es abgesehen hat, im Sturm. Er hat nichts gegen ein Zusammenleben auf Probe, schwenkt aber möglicherweise kurz vor dem Standesamt aus, um dann einen ganz anderen Frauentyp zu heiraten. Er liebt nun mal die Abwechslung. In der Ehe ist er mit einigen Abstrichen sehr treu. Viele halten ihn für einen Sexprotz, aber er ist so ritterlich, dass er es durchaus versteht, wenn seine Frau einmal nicht mag.

Wer einer Widder-Frau den Hof macht und glaubt, er hätte mit ihr leichtes Spiel, der sieht sich bald getäuscht. Nach außen hin hat sie zwar Samtpfötchen, fährt jedoch bei passender Gelegenheit ihre Krallen aus. So genannte Waschlappen mag sie nicht, modische Helden sind ihr ein Gräuel. Sie schätzt den Kavalier, der sich auch mal bei ihr durchsetzen will, was diesem freilich bei einem so von sich überzeugten Wesen recht schwer fallen wird. Ein in der Liebe aktiver Mann ist der selbst so gern Aktiven lieber als einer, dem sie nach getaner Arbeit die Pantoffeln bringen muss. Auch die Widder-Frau wird zur treuen Ehefrau, die ihren Mann auf jedem Gebiet zu Höchstleistungen anspornen wird.

Die Aszendenten des Widder-Zeichens

Wir haben im Vorhergehenden gerade beschrieben, was das Tierkreiszeichen Widder im Normalfall aussagt. Was aber, wenn das zur Geburtsminute am östlichen Horizont aufgehende Zeichen dazwischenfunkt? Im Einzelnen sieht das dann so aus:

Aszendent Widder

Er verstärkt im Allgemeinen das, was wir eben über die Widder-Menschen erfahren haben. Sie sind also noch energischer, brechen alle Widerstände und erstürmen stets die lohnenden Ziele. Sie fördern jeden, der sich ihnen unterordnet, wenn er nur das Lied des Widders singt. Widder mit dem Aszendenten Widder denken sachlich nüchtern und werden nur aggressiv, wenn sie sich einen Vorteil davon versprechen. Sie schrecken im positiven wie negativen Sinn vor nichts zurück. Wer friedlich mit ihnen zusammenleben will, muss sie gewähren lassen. Wer es sich jedoch mit diesem doppelten Widder verdirbt, der wird die kalte Seite dieses Typs kennen lernen. Widerstand gegen die eigene Person reizt ihn zu manchmal recht unfeinen Mitteln. Man wird seinen Zorn zu spüren bekommen. Ärger im Familienkreis führt oft zur Trennung, weshalb die Scheidungsquote enttäuschter Widder-Menschen erschreckend hoch ist. Dabei fragt der Widder/Aszendent Widder niemals, ob er nicht selbst schuld an einem Zerwürfnis ist. Ein von einem schiefen Aspekt bestrahlter doppelter Widder fährt leicht aus der Haut. Widersacher werden angenommen und zu gegebener Zeit brutal vernichtet.

Aszendent Stier

Er sorgt im Widder-Zeichen für ein recht ausgeglichenes Temperament. Man neigt niemals zu übertriebener Eile, sondern tut alles gern umso gründlicher. Das allzu Forsche im Widder-Wesen weicht größerer Bedachtsamkeit. Der Widder/Aszendent Stier will, bevor er sich entscheidet, Argumente hören und sich erst dann endgültig festlegen. Er ist geduldiger als ein reiner Widder und macht sich dadurch gute Freunde. Mit viel Gefühl wird im zwischenmenschlichen Bereich agiert. Wenn der Widder/Aszendent Stier verliebt ist, wird er an seinem Partner festhalten. Treue ist bei ihm kein leeres Wort.

Negative Gestirnseinflüsse deuten auf eine übermäßige Genusssucht hin. In der Partnerschaft wird eigensinnig der eigene Vorteil verfolgt. Freundschaften werden schnell geschlossen, aber ebenso rasch wieder aufgegeben. Man kann es dem negativ bestrahlten Widder/Aszendent Stier nie so ganz recht machen. Nicht immer entscheidet er sich für richtige Argumente, sondern geht lieber mal mit dem Kopf durch die Wand. Und das setzt dann zuweilen Beulen.

Aszendent Zwillinge

Er macht den Widder noch beweglicher. Sein sprichwörtlicher Eigensinn wird mit Gutmütigkeit gepaart. Zur Durchsetzung seiner durchdachten Pläne arbeitet der Widder/Aszendent Zwillinge gute Argumente seiner Berater ein und wird darum kaum Schiffbruch erleiden. Mit großer Schlagfertigkeit imponiert er seinen Freunden, ohne dabei den gebührenden Takt vermissen zu lassen. Er setzt sich durch, ohne anzuecken. Seine Freundlichkeit wirkt nicht aufgesetzt, sondern von Herzen kommend. Wer sich mit diesem sonnigen Typ zusammentut, hat kein schlechtes Los erwischt, zumal in einer Verbindung mit ihm die Heiterkeit nie auf der Strecke bleibt.

Die hohen Geistesgaben, die man dem Widder/Aszendent Zwillinge nachsagt, benutzt dieser bei schlechter Gestirnslage, um andere zu übervorteilen. Er kennt keine Skrupel, selbst gute Freunde hinters Licht zu führen, wenn es ihm selbst nützt. Oberflächlich, wie er im negativen Fall ist, wechselt er gern seine Meinung, aber auch seine Freunde. Er bandelt schnell an, lässt aber Partnerschaften ebenso schnell wieder auseinander gehen. Die Vernunft ist manchmal seine schwache Seite.

Aszendent Krebs

Dieser Aszendent macht selbst den nüchternsten Widder zum Verfechter romantischer Tugenden. Er sieht ein, dass erhöhte Angriffslust nicht immer das probate Mittel ist, um den Lebenskampf erfolgreich zu bestehen. So selbstsicher der Widder/Aszendent Krebs im Allgemeinen auch auftritt, wird er in seinem Inneren immer Zweifel hegen, ob er auch Recht gehabt hat. Gerade das macht ihn aber besonders sympathisch. Hat er einmal einen Partner gefunden, wird er nicht zögern, sich ihm ganz hinzugeben. Der Widder mit dem Aszendenten Krebs ist treu und betrachtet die Fehler von Freunden nicht durchs Vergrößerungsglas.

Negativ schlagen bei ihm seine ewigen Zweifel an sich selbst, aber auch an anderen Menschen zu Buche. Nur zu leicht ist er verletzt. Und dann kann er ekelhaft reagieren, selbst gegenüber guten Freunden. Nur allzu oft weicht selbst die beste Stimmung einer tiefen Niedergeschlagenheit. Wer es gut mit ihm meint, weicht ihm dann besser aus. Sonst wird er vielleicht mit einem Feuer speienden Vulkan Bekanntschaft machen müssen. Für sein Leben gern überspielt der Widder/Aszendent Krebs die eigene Schwäche, indem er anderen in die Schuhe schiebt, was er selbst zu verantworten hat.

Aszendent Löwe

Er stärkt das Rückgrat des sowieso schon stabilen Widders. Viele „Salon-Löwen" werden unter dem Widder-Zeichen mit dem Aszendenten Löwe geboren, die bei erlesenen Gesellschaften stets der Mittelpunkt sein und durch Beziehungen und gute Freunde Karriere machen werden. Man schätzt ihn, weil er sich nie über andere erhaben fühlt, sondern mit viel Herz auf die Leute zugeht. Natürlich ist dieser Mischtyp stark ichbezogen, aber das wird man ihm kaum ankreiden, weil er in allen Lebenslagen seine Gutmütigkeit beweist. Er ist ein guter Ehepartner.

In der Partnerschaft kann es bei negativen Aspekten zu Krisen kommen, wenn der Widder/Aszendent Löwe seine eigenen Wünsche in den Vordergrund rückt oder als leidenschaftlicher Mensch einfach zu viel verlangt. Im Beruf wird er zwar Karriere machen, aber allzu oft seine Ellbogen einsetzen, um andere auszuschalten. Er wirkt überheblich und ungeduldig. Man kann es ihm nie recht machen. Im Privatleben kommen Scheidungen unter diesen Zeichen seltener vor, weil der Widder/Aszendent Löwe schon um des eigenen Ansehens willen nie zugeben würde, dass er eine schlechte Partnerwahl getroffen hat.

Aszendent Jungfrau

Dieser Aszendent setzt sich am ehesten beim Widder wegen seines überragenden Intellekts durch. Er sorgt für Disziplin in allen Lebenslagen und lässt den Widder nur nach reiflicher Überlegung entscheiden, was getan werden sollte.

Des Widders Ideale übersetzt dieser so kritische Aszendent ins Materialistische. Und man fährt gut dabei, denn alle Schritte werden gründlich überdacht, und erst dann wird zur Tat geschritten. In der Liebe wird es kaum Enttäuschungen geben. Zwar werden gemeinschaftliche Ziele häufig sehr nüchtern angegangen, aber der Erfolg kann in jedem Fall gefeiert werden. Im Berufsleben ist der Widder/Aszendent Jungfrau von großer Zuvorkommenheit, was ihm auch auf diesem Gebiet Ansehen verschafft.

Bei schlechten Aspekten wirkt die aufgesetzte Freundlichkeit des Widders/Aszendent Jungfrau eher abstoßend. Er ist selbst in harmlosen Fällen bereit, Fehler seiner Mitmenschen kritisch an die große Glocke zu hängen. Das schafft ihm kaum gute Freunde. Überdies kann das pedantische Verhalten dieses Typs ihm selber am meisten schaden. Er ist nicht sehr widerstandsfähig und „dümpelt" manchmal im eigenen Fehlverhalten dahin. Das macht den sonst so starken Menschen anfällig für Krankheiten, die oft aufs Gemüt schlagen. Er braucht einen durchsetzungskräftigen Partner, der bereit ist, dem Widder/Aszendent Jungfrau einmal die Leviten zu lesen.

Aszendent Waage

Er macht aus Widder-Frauen begehrenswerte Geschöpfe und aus Widder-Männern recht höfliche Typen, die mit ihrem Charme die Welt erobern wollen. Beide – Frau wie Mann – legen mit freundlichem Lächeln selbst hartnäckige Gegner aufs Kreuz, was man diesen netten Menschen aber nicht übel nimmt. Widder/Aszendent Waage schätzen auch ein harmonisches Zusammenleben, weshalb sie als Dauerpartner in allen Lebenslagen sehr begehrt sind. Was sie im Beruf oder privat auch anpacken, wird ihnen gelingen. Ihr Schönheitssinn ist besonders ausgeprägt. Trotzdem werden sie hart arbeiten, um Erfolge einheimsen zu können, die sie auf die Sonnenseite des Lebens bringen werden.

Weniger erfreulich sind bei unguter Bestrahlung ihr eitles Gehabe und ihre ständig zur Schau gestellte Selbstgefälligkeit.

Widder mit dem Aszendenten Waage wollen immer glänzen, selbst wenn sie wegen mangelnder Schulbildung eigentlich eher zum Durchschnitt zu zählen sind. Auch diese etwas weniger vom Schicksal bevorzugten Widder wollen Karriere machen. Sie kaschieren Wissenslücken mit aufgesetzter Forschheit, führen gern das große Wort und bemühen sich, allen zu zeigen, dass sie doch wohl die Besten sind. Im Zusammenleben sind sie nicht immer verlässliche Partner.

Aszendent Skorpion

Dieser Aszendent gehört zu den liebenswerten Widder-Menschen, wenn sie nicht bei jeder Gelegenheit den in diesem Mischzeichen doppelten Mars „heraushängen" lassen. Sie gehen in jeder Hinsicht zielbewusst auf allen Ebenen des Lebens vor, ohne dabei jedem ihre Überlegenheit zu beweisen. Im günstigen Fall sorgt Mars mithilfe von Pluto für einen Arbeitseifer, der kaum zu bremsen ist. Der Widder/Aszendent Skorpion wird erfolgreich sein, aber er spricht nicht darüber, sondern bemüht sich um kluge Zurückhaltung. Gerade deshalb ist er privat ein verlässlicher Partner, mit dem man Pferde stehlen kann.

Leider lernt man auch manchmal den schlechter bestrahlten Widder mit dem Aszendenten Skorpion kennen, der im Berufsleben jeden ausschalten will, der ähnliche Ziele wie er selbst verfolgt. Da werden die Ellbogen benutzt, um Gegner aus der Bahn zu schleudern. Hier sorgt der doppelte Mars für ausgekochtes Draufgängertum, das andere schockiert. Zartbesaitete Partner, die das nicht mögen, werden bei den Widdern auf völliges Unverständnis stoßen und ihre beißende Ironie kennen lernen.

Aszendent Schütze

Er verleiht dem Widder freundliche Züge; er ist davon überzeugt, dass es noch etwas anderes im Leben gibt als „Malochen".

Trotzdem kommt auch der Widder mit dem Aszendenten Schütze zu Erfolgen im Beruf. Das liegt an seiner Art, Menschen leicht von sich zu überzeugen. Und natürlich ist er auch ehrgeizig bemüht, sich ins rechte Licht zu rücken. Das Gute: Diesem positiv bestrahlten Mischtypen nimmt niemand übel, wenn er durch größeres Wissen und erhöhten Eifer weiter kommt als andere, die nur eine durchschnittliche Leistung bringen. Er versucht, mit geistigen Mitteln etwaige Konkurrenten aus dem Felde zu schlagen und trotzdem freundschaftlich mit ihnen zu verkehren. Wenn man gut mit ihm auskommen will, sollte man gemeinsam mit ihm Sport treiben oder wandern gehen. Dieser Widder mit dem Schütze-Aszendenten geht enge Bindungen meist nur dann ein, wenn er zu der Überzeugung gelangt, dass sie auch ein Leben lang halten werden.

Ganz anders der negativ bestrahlte Typ dieses Widder-Mischlings: Er möchte am liebsten als Single durchs Leben gehen und dennoch die Liebe in vollen Zügen genießen. Sein Taktgefühl lässt zu wünschen übrig. Außerdem setzt er fast nur auf sein eigenes Ich; ein Wir kennt er nicht. Er will sich um keinen Preis etwas abgehen lassen. Ob das anderen gefällt, ist ihm egal. Wie gut, dass man solch einem etwas schrägen Widder/Aszendent Schütze nicht allzu oft begegnet.

Aszendent Steinbock

Er schenkt dem Widder Ausdauer und immensen Fleiß bei der Verfolgung hoch gesteckter Ziele. Sein materielles Denken wird jedoch zumeist dem sozialen Tun untergeordnet. Die Initiative wird oft nur dann ergriffen, wenn sie dem eigenen Streben nutzt, anderen aber nicht schadet. Der Widder mit dem Aszendenten Steinbock ist hilfsbereit. Er weiß genau, dass er nur dann helfen kann, wenn er selbst zu Geld und Ehren kommt. Im Intimleben ist er sinnlich, manchmal hat er allerdings moralische Hemmungen, sich in der Liebe auszuleben. Oft fehlt ihm in jungen Jahren wegen seines sozialen Engagements die Zeit für eine feste Beziehung.

Im negativen Fall verfolgt der Widder mit dem Aszendenten Steinbock eiskalt den eigenen Vorteil. Recht wortkarg geht er durchs Leben. Sein Schweigen hat System: Er will mögliche Gegner verunsichern. Einige seiner Arbeitskollegen halten ihn für heimtückisch, weil er sich bei den Vorgesetzten zu sehr anbiedert, anstatt mit ihnen im gleichen Schritt zu marschieren. Privat ist dieser Typ nicht sehr großzügig. Manche seiner „Lieben" werfen ihm sogar ausgesprochenen Geiz vor.

Aszendent Wassermann

Dieser Aszendent strebt mit dem Widder nach absoluter Unabhängigkeit. Er setzt dessen Ideale durch. Der aufwärts strebende Widder mit Aszendent Wassermann probiert neue Wege aus, bis er den gefunden hat, der ihm Erfolg bringt. Sein weltoffenes Denken öffnet ihm manche Türen, die für andere, weniger Bewegliche verschlossen bleiben. Im Privatleben schätzt man ihn als verlässlichen Partner, selbst wenn er des Öfteren durch Abwesenheit glänzt. Er will damit nur dokumentieren, dass er auch im festen Verhältnis von allen Zwängen unabhängig sein will.

Bei nicht ganz so guter Konstellation fällt die Rücksichtslosigkeit auf, mit der ein von sich überzeugter Widder mit Aszendent Wassermann im Beruf vorgeht, um sich selber in den Vordergrund zu schieben. Privat ist dieser schlechter bestrahlte Mensch auf flüchtige Eroberungen aus. Wer mit ihm in Frieden zusammenleben will, braucht schon starke Nerven.

Aszendent Fische

Er drängt den Widder beruflich nur zaghaft in den Vordergrund, ohne sich jedoch zu verstecken. Der Widder mit dem Aszendenten Fische ist ein begehrter Partner, mit dem man das Leben sehr genießen kann. Voller Mitgefühl geht dieser Sternenmischling auf seine Mitmenschen zu und verbucht bei den meisten persönliche Pluspunkte. Instinktiv tut er in allen Lebenslagen stets das Richtige.

Bei schlechten Konstellationen wechselt sich beim Widder/ Aszendent Fische tiefe Niedergeschlagenheit mit jubelnder Freude ab. Der Aszendent gießt oft Wasser ins Widder-Feuer, sodass es zischt und brodelt. Das verunsichert und beschert dem Mischling kaum ein Erfolgserlebnis. Im Gegenteil: Er ist in dieser Hinsicht leicht zu beeinflussen und kann so auch einmal von der vorgezeichneten Lebensbahn abrutschen.

Mit der Venus im Bunde: der Stier

Obwohl sich der Stier recht kämpferisch gebärdet, wird dieses Tierkreiszeichen (21. April bis 20. Mai) zu den weiblichen gerechnet. Das kommt wohl daher, dass Stier-Geborene unbewusst passiv reagieren können und sehr von ihrer Psyche bestimmt werden. Trotzdem sind sie willensstark, wenn es darauf ankommt, Leistung zu erbringen. Sie lassen die Meinung anderer gelten, engagieren sich aber dann oft so stark, dass sie über ihr erklärtes Ziel mitunter hinausschießen.

Das Erdzeichen Stier gibt seinen Kindern eine feste Bindung an Materielles mit auf den Lebensweg. Sie sind sachliche Typen mit viel Sinn für das real Machbare. Obwohl sie wie niemand sonst im Tierkreis revolutionär aufbegehren können, ist ihre Lebenseinstellung meist konservativ. Ihr phlegmatisches Temperament will seine Ruhe haben. Eine gewisse Schwerfälligkeit ist ihnen nicht abzusprechen. Trotzdem können sie sich in heißen Diskussionen so leidenschaftlich engagieren, dass sie kaum noch eine andere Meinung als ihre eigene gelten lassen wollen. Am Ende siegt aber immer wieder ihre realistische Einschätzung der Dinge.

Alle Stier-Menschen streben nach materieller Unabhängigkeit und finanzieller Sicherheit. Geizig sind jedoch nur wenige von ihnen. In gesicherter Stellung können sie sogar einmal fünf gerade sein lassen und das Geld zum Fenster hinauswerfen.

In seinem Taghaus verleiht der Planet Venus seinem Stier-Schützling eine starke Verbundenheit mit dem Sinnlich-Triebhaften. Das heißt: Menschen aus diesem Zeichen empfinden tief, wollen stets den sozial Schwachen helfen und haben ein großes Bedürfnis, Freundschaften einzugehen. Venus sorgt freilich auch für Genusssucht, die sich bei manchen Stier-Menschen in rundlichen Körperformen dokumentiert. Um dagegen anzukämpfen, tun sie dann meist zu viel, sodass solche Unvernunft sogar ihrer Gesundheit schadet.

Ihre eigentlichen Schwachstellen sind Nieren und Stoffwechsel. Man kann ansonsten von einer guten Konstitution sprechen, die nur durch Unmäßigkeit gestört sein kann. Einige Stier-Geborene steigern sich übrigens leicht in echte Krankheitszustände hinein, wenn seelische Konflikte sie bedrücken.

Im Allgemeinen arbeiten Stier-Menschen, um zu leben. Als Realisten streben sie früh nach Zukunftssicherung, wozu bei vielen Immobilien, Lebensversicherungen und auf Zinsbasis angelegtes Geld gehören. Eine Anstellung auf Lebenszeit mit den entsprechenden Pensionsansprüchen wird von ihnen kaum ausgeschlagen.

Stier-Geborene findet man häufig in Berufen, in denen sie ihrer Liebe zur Natur Ausdruck geben können, also im Gartenbau oder in der Land- und Forstwirtschaft. Als Verkäufer sind sie in allen möglichen Branchen tätig, tendieren aber besonders zur Mode. In akademischen Berufen etablieren sie sich als vorzügliche Innenarchitekten und im medizinischen Bereich. Man findet sie aber auch in Banken und Sparkassen oder ehrenamtlich als Kassierer in einem Verein. Alle diese Tätigkeiten treffen gleichermaßen auf Frauen und Männer zu – genauso wie die Vorliebe mancher Stier-Menschen für eine künstlerische Tätigkeit. Ihre kunsthandwerkliche Geschicklichkeit konkurriert hier mit Betätigungen als Maler, Musiker und Schauspieler.

Der Stier-Geborene schließt schnell Freundschaften. Er hat gern Menschen um sich und zählt zu den fröhlichen Leuten, die Gesellschaft suchen, um daraus für sich geistigen Nutzen zu ziehen.

In der Liebe ist er schnell begeistert und hält dann eventuell an einem Verhältnis fest, das schließlich doch nicht das bringt, was er sich davon versprach. So versäumt er unter Umständen in jungen Jahren das so genannte große Glück. Es ist erwiesen, dass Stier-Menschen oft erst spät heiraten.

Frauen aus diesem Venuszeichen kleiden sich elegant und fallen schon deswegen den Kavalieren auf, die um ihre Gunst buhlen. Da haben sie die Qual der Wahl, aber ihre sprichwörtliche Vernunft lässt sie sich richtig entscheiden. Nur aus diesem Grund gibt es so viele glückliche Stier-Frauen, die nicht nur perfekte Hausfrauen werden, sondern auch exzellente Mütter ihrer wohlerzogenen Kinder. Aber der Venus-Schützling kann auch ganz gut ohne Mann auskommen.

Ein Kavalier vom Scheitel bis zur Sohle ist der Stier-Mann, der sich meist früher bindet als seine Sternenschwester, weil er einfach jemanden braucht, der ständig für ihn da ist. Dabei ist er realistisch genug, seine Partnerin mitverdienen zu lassen, wenn man mit einem Gehalt allein nicht auszukommen scheint. In der Liebe ist er ein Romantiker, der selbst ins ganz intime Leben noch Stil hineinbringt. Allerdings wird er mit zunehmendem Alter etwas weniger von der Emanzipation einer Frau halten als in jungen Jahren. Und außerdem kommt manchmal auch rasende Eifersucht hinzu, mit der er seiner Partnerin das Leben schwer machen kann.

Die Aszendenten des Stier-Zeichens

Kein Stier-Mensch gleicht dem anderen. In seiner Geburtsminute wird ihm ein Tierkreiszeichen zugeordnet, das seinen Charakter sogar entscheidend beeinflussen kann. Und das ist der jeweilige Aszendent mit seinen positiven oder negativen „Machtansprüchen" auf den Stier-Geborenen:

Aszendent Stier

Er lässt den Sternenbruder beziehungsweise seine Sternenschwester immer wieder vor Lebensfreude überschäumen. Mit Bedacht wird materielle Sicherheit gesucht und gefunden. Was er einmal als richtig erkannt hat, setzt der Stier mit dem Aszendenten Stier konsequent durch. Fremde Probleme nimmt er häufig wichtiger als die eigenen, was ihn besonders liebenswert macht. Er wird als hilfsbereiter Partner geschätzt. Der doppelte Stier liebt seine Familie über alles.

Die Kehrseite der Medaille: Ein Stier/Aszendent Stier kann bei unguten planetarischen Einflüssen sehr halsstarrig sein und auch dann noch auf seiner Meinung beharren, wenn er längst selbst erkannt hat, dass er damit auf dem Holzweg ist. Er nörgelt an allem und jedem herum und schadet sich damit selbst, weil niemand solchen Kritikaster mag. Er macht auch seinem Partner das Leben schwer mit seiner fast krankhaften Eifersucht. Nur ein nervenstarker Mensch sollte mit ihm anbändeln und ihm rechtzeitig die Leviten lesen.

Aszendent Zwillinge

Er „möbelt" den Stier auf und sorgt für viel geistige Frische. Der Stier mit dem Aszendenten Zwillinge kann rechnen und sein Geld immer wieder günstig anlegen. Er lernt gern und möchte sein Grundwissen stets verfeinern. Alles muss logisch durchdacht sein. In heißen Diskussionen ist er Spitze. Seiner Schlagfertigkeit kommt niemand so leicht bei. Man mag ihn sehr. Und in der Liebe ist dieser Sternentyp einsame Klasse. Leider bindet er sich nur, wenn er ganz genau weiß, dass er die richtige Wahl getroffen hat. Deshalb wohl heiraten Stiere mit dem Aszendenten Zwillinge manchmal erst spät. Oder sie bleiben glückliche Junggesellen.

Der Aszendent Zwillinge schafft es aber auch, den Stier in vielen Fällen zu verunsichern. Und dann gilt der Stier/Aszendent Zwillinge als Luftikus, den man nicht unbedingt ernst nehmen kann. Die Einschätzung fremder Menschen hemmt ihn ebenso bei der Verfolgung materieller Ziele. Dieser von den Aspekten etwas vernachlässigte Typ versucht manchmal mit skurrilen Einfällen auf sich aufmerksam zu machen, die nicht immer geneigte Zuhörer finden. Er ist nicht allzu verträglich und in Bezug auf Partnerschaften mehr als zurückhaltend, weil er gern auch mal in der Nachbarschaft „wildern" möchte.

Aszendent Krebs

Er betont im Wesen der Stier-Frauen das Mütterliche, bei Stier-Männern eine stark von innigen Gefühlen beeinflusste Persönlichkeit. Der Stier mit dem Aszendenten Krebs denkt nicht immer realistisch, sondern flüchtet sich oft ins Land der Fantasie. Das hat im privaten Bereich weniger Konsequenzen als im Beruf, in dem zeitweise die zuvor gesteckten Ziele erst nach längerer Wartezeit erreicht werden können. Was macht's? Dieser Mischling ist allseits beliebt und ein guter Partner für Menschen, die ein festes Verhältnis „bis in alle Ewigkeit" schätzen.

Ein haariger Aspekt verkehrt dieses Bild aber geradezu ins Gegenteil. Aus dem so fantasievollen Typ wird ein brummiger Zeitgenosse, den kaum jemand mag. Seine Sparsamkeit grenzt meist an Geiz. Vor allem in späteren Jahren taucht bei diesem Stier mit dem Aszendenten Krebs großes Misstrauen gegenüber jedermann auf. Wenn dieser Typ sich anbiedern möchte, macht man gern auch mal Umwege, um nicht mit ihm zusammenzutreffen. Wie gut, dass es von dieser Sorte Mensch nicht allzu viele gibt.

Aszendent Löwe

Dieser Aszendent lässt den Stier lockerer mit Geld umgehen. Dieser Mischtyp ist ein echter Gönner, der andere fördert, um sich hinterher freilich ihrer Loyalität zu versichern. Die zuvorkommende und freundliche Art des Stiers mit dem Aszendenten Löwe macht ihn bei seinen Mitmenschen sehr beliebt. Sein charmantes Wesen, gepaart mit einem großen Durchsetzungsvermögen, ermöglicht ihm zur rechten Zeit, mehrere Stufen auf der Erfolgsleiter auf einmal zu nehmen. Das Liebesleben dieses Stiers mit dem Aszendenten Löwe ist stark sexuell orientiert, was ihm beim anderen Geschlecht hohes Ansehen garantiert.

Bei negativen Aspekten wendet sich das Blatt zu Ungunsten dieses astrologischen Mischlings. Er ist überheblich und unduldsam und möchte jeden unter seine Herrschaft zwingen. Wer ihn angreift, wird mit einem Gegenangriff rechnen müssen, bei dem der Stier/Aszendent Löwe manchmal zu unfairen Mitteln greift. Er fühlt sich erhaben über seine Mitmenschen, auch wenn diese gescheiter sind als der Löwe-Stier, dem die eigene Person mehr gilt als alles andere. Wenn er eine Familie gründet, erwartet er von ihr, dass sie sich ihm bedingungslos unterordnet.

Aszendent Jungfrau

Er verleiht dem Stier ein scharfes Urteilsvermögen. Mit überlegenem Verstand wird, oftmals nach langen Studienjahren, der Lebenserfolg angepeilt. Der Stier mit dem Aszendenten Jungfrau ist praktisch veranlagt und ein unermüdlich schaffendes Arbeitstier. Was er einmal anstrebt, wird er langsam, aber sicher erreichen. In der Liebe ist er Favorit bei denen, die Sex nicht unbedingt als das höchste der Gefühle erachten. In einer festen Beziehung wird er trotz seiner eher gebremsten Leidenschaft als verlässlicher Partner geschätzt. Der Stier/Aszendent Jungfrau gilt als treu und anhänglich.

Der andere Aspekt des Aszendenten verleiht dem Stier einige harte Züge. Mit Sarkasmus legt dieser Sternenmischling oft jedes Wort auf die Goldwaage. Damit macht er sich nicht unbedingt beliebt, zumal er auch seine Kritiklust zur unrechten Zeit am falschen Objekt auslassen kann. Auch bei diesem Stier-Geborenen ist der Egoismus stark ausgeprägt. In den zwischenmenschlichen Beziehungen ist er nicht immer treu und schon gar nicht allzu ehrlich. In Diskussionen glänzt er zwar vor allen anderen, aber er kann ein Thema durchaus kaputtreden. Derart gelagerte Stiere mit dem Aszendenten Jungfrau finden im privaten Bereich nicht immer das große Glück an der Seite eines Partners, der für ihre Art Verständnis hat.

Aszendent Waage

Er geht mit dem Stier mit Charme und Schönheitssinn durchs Leben. Der Stier/Aszendent Waage ist friedfertig und strebt nach absoluter Harmonie. Das verschafft im viele Freunde. Harte Arbeit ist nicht unbedingt seine Sache. Er liebt's bequem. Und trotzdem wird er es eines Tages zu etwas bringen, weil er mit seiner ansprechenden Art beim anderen Geschlecht ankommt und ausgerechnet die Betuchten ein Auge auf ihn werfen. Männer und Frauen dieses Mischzeichens sind von ausgesuchter Höflichkeit und gewinnendem Wesen. Man kann verstehen, dass diesen Menschen von ihren Partnern gern alles gegeben wird, wenn sie es nur mit Liebe ein Leben lang vergelten.

Selbst der nicht so gut bestrahlte Stier mit dem Aszendenten Waage ist noch liebenswert, aber im Alltag doch etwas lebensuntüchtig. Außerdem ist er recht selbstgefällig und prahlt gern mit seinen angeblichen Leistungen. Er versucht bei anderen sein Ich stets ins rechte Licht zu rücken, bis sie merken, dass viel „heiße Luft im Getriebe" ist. Als überaus sinnlicher Typ will der Stier/Aszendent Waage das Leben genießen. Was sein Partner dazu sagt, ist ihm ziemlich egal.

Aszendent Skorpion

Dieser Aszendent macht den Stier zum leidenschaftlichen Verfechter seiner Pläne und Ideen. Von Entschlüssen, die der Stier/Aszendent Skorpion einmal gefasst hat, ist er kaum abzubringen. Unterm Skorpion wird der hartnäckigste Stier zur Geduld gezwungen, die sich letztendlich aber für ihn auszahlen wird. Männer wie Frauen aus diesem Mischzeichen sind äußerst leidenschaftlich. Ihre sexuelle Überlegenheit versuchen sie immer zu beweisen, weshalb nur ebenso starke Partner es mit ihnen versuchen sollten. In einer festen Verbindung mit diesem Stier werden sie aber feststellen, dass dieser Mischtyp eigentlich der beste im Tierkreis ist.

Es gibt natürlich auch hier einen nicht ganz so positiven Typen, der allerdings ebenso sinnlich ist wie der eben geschilderte. Der durch eine schlechte Konstellation gestörte Stier mit dem Aszendenten Skorpion jagt jedoch gern in freier Wildbahn, um danach lustvoll mit seinem „Opfer" zu spielen. So kommt er zu seinen Affären, die als Erfahrung verbucht werden. Auch im Berufsleben spielt dieser Mischtyp gern den Überlegenen. Er verwendet dabei nicht immer die fairsten Methoden, um an die Spitze zu gelangen.

Aszendent Schütze

Der Aszendent Schütze schenkt dem Stier ein Quantum überschäumenden Temperaments. Hier wird mit dem Glück des Tüchtigen der Erfolg angestrebt. Der Stier mit dem Aszendenten Schütze hat fruchtbare Ideen, die er auch zu seinem eigenen Nutzen verwirklichen wird. Um Karriere zu machen, kann er öfter mal die Stelle wechseln. Das ist aber kein Leichtsinn, sondern Teil eines wohl durchdachten Plans, nach oben zu kommen. Man könnte es auch gesunden Ehrgeiz nennen. Dieser Mischtyp hat beim anderen Geschlecht große Chancen, weil er immer mit Charme zu überzeugen weiß. Wer mit ihm wandern geht, gewinnt sein Herz. In der Natur findet er nämlich die Freiheit, nach der er sein Leben lang strebt.

Der minder begabte Stier/Aszendent Schütze, den ein schlechter Aspekt das Fürchten lehrte, ist recht überheblich. Er will stets mit den Tüchtigeren mithalten und so wie sie Erfolge einheimsen. Er spürt Geheimnissen seiner Mitmenschen nach und bringt sie dann unters Volk. Damit macht er sich nicht gerade beliebt. Wenn er enttäuscht wird, schwenkt Zuneigung möglicherweise in Hass um. Und deshalb findet er manchmal nicht den richtigen Partner.

Aszendent Steinbock

Er gibt dem Stier die Kraft, jedes Hindernis auf dem Weg zu Wohlstand und Reichtum zu überwinden. Dieser strebsame Mischling ist sehr ehrgeizig und wird auch einmal die Ellbogen einsetzen, um im Leben weiterzukommen. Liebe und Erotik werden bei diesem ansonsten so durchsetzungsfähigen Menschen leider etwas zu kurz kommen, obwohl Partner, die ein Leben lang mit ihm verbandelt waren, ihn als gefühlvollen und verständnisvollen Menschen loben, der seine Familie über die Maßen liebt und auch nach außen hin sein weites Herz beweist: Er ist wohltätig, wenn er es zu etwas gebracht hat, und hilft gern den sozial Schwachen. Das hebt den Stier/Aszendent Steinbock weit über den Durchschnitt anderer Wohltäter hinaus.

Der nicht ganz so wohlgeratene Stier-Steinbock-Mischling nimmt keine Rücksicht auf empfindsame Mitmenschen. Er ist wegen seines gelegentlichen Übereifers nicht sehr beliebt bei den Kollegen. Aber er vergeudet Arbeitskraft und Energie nur zu oft nutzlos. Das hat Depressionen zur Folge, die ein Zusammenleben im privaten Bereich erschweren.

Aszendent Wassermann

Dieser Aszendent lässt den Stier im positiven Sinn zum Original werden. Man ist beschwingt und hat viel für seine Mitmenschen übrig, die man mit Rat und Tat unterstützt. Soziale Aktivitäten schmälern kaum das Einkommen des Stiers/Aszendent Wassermann. Seine Ideen können jeden Betrieb befruchten, was diejenigen anerkennen werden, die das Sagen haben. In untergeordneter Stellung wird er jedenfalls kaum bleiben. Am liebsten wäre dieser Mischling sogar in einem freien Beruf tätig, weil hierarchisches Unterordnen ihm nicht liegt. Privat bevorzugt dieser Stier/ Aszendent Wassermann ein freies Leben in einer festen Beziehung, in der Liebe die Grundlage für die Ewigkeit ist.

Bei schlechten Gestirnskonstellationen verlieren einige wenige aus diesem Mischzeichen das angestrebte Ziel aus den Augen, weil sie sich zu sehr ablenken lassen. Wenn sie es bemerken, werden sie rücksichtslos versuchen, verlorenes Terrain zurückzuerobern. Taktvoll sind sie dabei nicht. Diese Stiere mit dem Aszendenten Wassermann sehen nur sich und sonst niemanden. Viele von ihnen werden erst spät einen geeigneten Partner finden.

Aszendent Fische

Er steigert die Sinneslust des Stiers manchmal ins Unermessliche. Diese Verbindung liebt des Lebens pralle Deftigkeit, die sich hernach oft in allzu barocker Leibesfülle darstellt. Der sinnenfrohe Mischtyp gedeiht am besten in einer Welt, in der alles grünt und blüht. Er ist in der Liebe zart und feinfühlig, kann aber im Berufsleben auch zeigen, dass er sich hervorragend durchsetzen kann. Nur auf diesem Gebiet bricht bei ihm der Egoismus durch, weil er ja schließlich weiterkommen will.

Diese Stiere mit dem Aszendenten Fische sind liebenswert, aber es gibt bei schlechten astrologischen Aspekten auch die anderen, die sich leicht beeinflussen lassen, weil sie allzu passiv den Lebensbedingungen gegenüberstehen. Sie vertrauen auf falsche Freunde, weil sie nicht den Mut haben, eigene Erkenntnisse in die Tat umzusetzen. Im Privatleben lassen sich Männer aus diesem schlechter bestrahlten Mischzeichen am Gängelband ihrer Frauen führen. Sie werden mit anderen Worten zu rechten „Waschlappen", während die Frauen dieses Zeichens vor Zorn manche Träne vergießen, weil sie sich trotz guter eigener Argumente einfach nicht durchsetzen können und alles mit sich machen lassen.

Aszendent Widder

Er sorgt beim Stier für eine starke Antriebsenergie, bricht rechtzeitig Widerstände und stürmt mit Elan auf lohnende Ziele zu. Der Stier/Aszendent Widder ist ein munterer Zeitgenosse, der auch im Privatleben viele Freunde findet. In der Liebe ist er leidenschaftlich, aber er bleibt stets verständnisvoll. Männer dieses Mischzeichens sind ihren Frauen gegenüber Kavaliere der alten Schule, Frauen die liebevollsten Gattinnen. Das Glück dieser Menschen aus dem Stier-Zeichen mit dem Aszendenten Widder scheint vom Schicksal vorherbestimmt.

Doch wehe, wenn dieses Mischzeichen von irgendeinem schief gestellten Planeten in die Enge getrieben ist! Dann zeichnen solche Aspekte Menschen, die völlig herrschsüchtig sind; sie verleihen ihren Worten und Taten großen Nachdruck und lassen die Meinung anderer kaum gelten. Diese Stiere/Aszendent Widder streben mit übergroßem Eifer ihre Ziele an, verlieren jedoch möglicherweise die Lust, bevor sie diese erreicht haben. Ihr feuriges Temperament ist oftmals nicht zu zügeln und die beim Stier sonst so große Beharrlichkeit ist in dieser Verbindung abgeschwächt. Beim geringsten Anlass brausen Stiere/Aszendent Widder jähzornig auf und führen hitzige Wortgefechte. Sie wollen selbst im Intimleben Recht behalten.

Die Logik der Zwillinge

Die unter dem männlichen Zeichen Zwillinge Geborenen (21. Mai bis 21. Juni) sind geist- und willensbetont. Sie haben die Gabe, „auf zwei Hochzeiten zu tanzen", das heißt, mehreres gleichzeitig zu beginnen und zu Ende zu bringen. Nur manchmal überschätzen sie sich, weil sie sich an Dinge wagen, die selbst für sie eine Nummer zu groß sind.

Das Luftzeichen Zwillinge schenkt seinen Kindern ein sanguinisches Temperament, intellektuelle Geistesgaben und Anpassungsfähigkeit. Mit Leichtigkeit werden die von Zwillinge-Menschen in Angriff genommenen Pläne ausgeführt. Ihr Wille könnte Berge versetzen, wenn da nicht die zwei Seelen in ihrer Brust wären, die gegeneinander revoltieren. So kommt zu den positiven Anlagen etwas Unbeständiges, Haltloses, das die Zwillinge Nerven kostet. Das kann auf die Dauer sogar zu labiler Gesundheit führen.

Merkur ist der Planetenbeherrscher des Zeichens. Er stattet die darin Geborenen mit viel Verstand aus. Zwillinge streben immer danach, ihr Wissen zu vertiefen. Viele von ihnen haben eine hervorragende Sprachbegabung und ein überzeugendes Rednertalent. Kaum jemand kann ihnen auf die Schliche kommen. Wenn sie sich bei falschem Handeln ertappt fühlen, winden sie sich diplomatisch aus der prekären Lage, wobei ihre Schlagfertigkeit ein Übriges tut.

Die Logik der Zwillinge besticht durch Scharfsinn und das Erfassen selbst schwierigster Gedankengänge. Auf der negativen Seite schlagen aber auch viel Wortklauberei, intellektuelle Spitzfindigkeit und das skrupellose Verfolgen wechselnder eigener Ziele zu Buche.

Der Zwillinge-Mensch lebt sehr nach außen. Kummer frisst er nie in sich hinein, sondern lernt daraus, wie man wieder fröhlich das Leben genießen kann. Das könnte ihn zum oberflächlichen Menschen stempeln, wenn da nicht seine große Begabung wäre, allen Dingen auf den Grund zu gehen.

Er braucht vielfältige Kontakte, um neue Eindrücke zu gewinnen und immer Neues hinzuzulernen. Um seinen geistigen Horizont zu erweitern, geht er gern auf Reisen. Es besteht nur die Gefahr, dass er seine Kräfte zersplittert und dadurch keines seiner so hoch gesteckten Ziele erreicht.

In sein Berufsbild passt, dass er sich gern verändert, wenn sich seine Hoffnungen und sein Streben nach Höherem nicht erfüllen. Der kleinste Anlass genügt dann, um Nägel mit Köpfen zu machen. Die Vernunft sagt ihm zwar, dass in unsicheren Zeiten eine feste Anstellung Gold wert ist, aber möglicherweise wirft er doch alles über den Haufen, um in einer anderen Stellung Neues zu erleben. Dabei kommt er jedoch manchmal vom Regen in die Traufe und verzettelt sich derart, dass er – was beim Zwilling eigentlich selten vorkommt – in der unteren Etage des Lebens hängen bleibt.

Aufgrund seiner Intelligenz wäre ein Studium für den Zwillinge-Menschen erstrebenswert. Zielgerichtetes Denken liegt ihm, zumal wenn er darin ein Mittel zum Zweck erkennt, im späteren Beruf darauf aufzubauen. Er ist in allen Positionen, die eine akademische Bildung voraussetzen, zu finden. Sein Schreib- und Redetalent lässt ihn zur Schriftstellerei und zum Journalismus tendieren, seine Überzeugungskraft zum Werbefachmann oder Vertreter werden. Als Verkäufer ist er hervorragend.

Jeder Zwilling liebt Betriebsamkeit. Er ist ein umgänglicher Chef, hat aber auch als Betriebsrat die rechte Einstellung, um mit diplomatischem Geschick der Unternehmensleitung Zugeständnisse für die Belegschaft abzuringen. Seine Ambitionen liegen daher auch in der Politik, im diplomatischen Dienst und in der juristischen Vertretung in Schwierigkeit geratener Menschen. Er wird als Lehrer und Erzieher besonders geschätzt.

Alle hier genannten Berufe stehen gleichermaßen Frauen wie Männern dieses Zeichens offen, nur dass weibliche Zwillinge darüber hinaus auch Neigungen zu ausgesprochenen Modeberufen wie Stewardess, Sprecherin und Moderatorin in Rundfunk und Fernsehen, Kunstgewerblerin und gut dotiertes Modell in der Bekleidungsindustrie haben.

Merkur stattete seine Schützlinge nicht nur mit Intellekt aus, er gab ihnen auch das Gespür für finanzielle Werte mit. Kein Zwillinge-Mensch bleibt unterbezahlt, weil er sich stets ins rechte Licht setzen kann. Er bringt zwar im Laufe seines Lebens eine Menge Geld unter die Leute, kennt aber aus eigener Erfahrung auch jene Schleichwege, auf denen man ramponierte Bankkonten eines Tages wieder auffüllen kann.

In der Liebe ist der Zwillinge-Mann ein Charmeur, der viel Fröhlichkeit ins intime Leben bringt, freilich auch manche Phrase drischt, um eine Partnerin für sich einzunehmen. Manche dieser so liebenswerten Dampfplauderer heiraten früh und versuchen, die Flitterwochen über Jahre hinweg auszudehnen. Leider können es viele dieser Männer aus dem Luftzeichen ebenso in einer festen Beziehung nicht lassen, als lustige Luftikusse anderweitig Vergnügungen zu suchen. Nicht umsonst sagt man dem Zwillinge-Mann nach, dass er eigentlich erst in der dritten Ehe sesshaft würde.

Auch die Zwillinge-Frau ist ein heiteres, dem Leben zugewandtes Menschenkind, das nicht allein bleiben kann. Oft wählt sie einen Partner aus einer ihr konträren Bildungsschicht und wird mit ihm zeitweise glücklich, aber schließlich erkennt sie doch, dass gleiche Interessen mehr verbinden können. Damit ist bereits das Feld abgesteckt: Die Zwillinge-Frau geht mit Ernst an die Liebe heran, entscheidet sich jedoch möglicherweise zu schnell, weil ihr Verstand auf diesem Teilgebiet des Lebens vielfach aussetzt. Sie ist rasch zu begeistern und ein liebenswerter Kerl, der eigentlich einen in allen Lebenslagen verständnisvollen Partner verdient. Sie spielt gern die perfekte Geliebte, entpuppt sich aber nicht unbedingt als das Hausmütterchen, nach dem manche Männer sich sehnen.

Die Aszendenten des Zwillinge-Zeichens

Nicht alle Zwillinge-Menschen sind gleich. Manchmal mischt ihr Aszendent sie auf und lässt Charakterzüge erkennen, die vielleicht sogar völlig untypisch für einen „echten" Zwilling sind. Was das in der Geburtsminute am östlichen Himmel aufgehende Tierkreiszeichen bewirkt, soll nachstehend beschrieben werden:

Aszendent Zwillinge

Dieser Aszendent betont die Doppelnatur des Zwillinge-Zeichens noch. Von einem Augenblick zum anderen können die in ihm geborenen Menschen von Forschheit auf Zurückhaltung oder von Gefühlskälte auf Herzlichkeit umschalten. Zwillinge mit dem Aszendenten Zwillinge lieben das blutvolle Leben und sind beständig bestrebt, mit allen Mitmenschen gut auszukommen. Eine intime Bindung wird von ihrem häufigen Sinneswandel belebt. Niemand kann ihnen böse sein, selbst die nicht, die von den doppelten Zwillingen im Beruf überflügelt werden.

Man kennt jedoch auch die anderen Zwillinge mit dem Aszendenten Zwillinge, die wenig gefühlsbetont sind, die ohne jeden Skrupel ihr Ziel auf mannigfaltigen Schleichwegen zu erreichen suchen. Diese wegen eines negativen Aspekts in ihrem Horoskop Geschädigten sind privat nur dann ansprechbar, wenn man ihnen ihren Willen lässt. Sie setzen sich manchmal mit recht barschen Methoden durch, weshalb sie nicht unbedingt die beliebtesten Zeitgenossen sind.

Aszendent Krebs

Er lässt die Zwillinge des Öfteren geistige Purzelbäume schlagen. Diese Mischlinge haben viel Fantasie und noch mehr Gefühl. Sie präsentieren sich als fröhliche, zeitweilig aber nach innen gekehrte Menschentypen, die besonders im privaten Bereich fürsorglich und zu echter Freundschaft fähig sind. Diese gefühlvollen Leute können niemandem weh tun. Man kann mit ihnen auskommen, wenn man ihnen ab und zu einmal eine Pause im Zusammenleben gönnt. Das lädt ihren Lebensakku auf und macht sie bereit für ein weiteres friedliches Zusammenleben.

Manchmal zeigen Zwillinge mit dem Aszendenten Krebs allerdings auch ein anderes Gesicht. Und zwar wenn der Mond sein Spiel mit ihnen treibt. Dann sind sie unleidlich, und man kann ihnen nichts recht machen. Diese vom wetterwendischen Erdtrabanten von einem Augenblick auf den anderen veränderten Menschen können dann ihre besten Freunde vor den Kopf stoßen und in der Partnerschaft Unheil anrichten. Sie mäkeln an allem und jedem herum und werden erst wieder freundlicher, wenn der Mond in eine andere Phase tritt.

Aszendent Löwe

Er setzt die sprühenden Ideen und Pläne des Zwillinge-Menschen schnell in die Tat um. Hier paart sich geistige Beweglichkeit mit dem Willen, sich durchzusetzen. Zwillinge mit dem Aszendenten Löwe bilden den Mittelpunkt vieler illustrer Gesellschaften. Privat machen sie in der Regel gute Partien. Beruflich klettern sie auf der Erfolgsleiter ganz nach oben, vergessen aber nie diejenigen, die ihnen beim Klettern behilflich waren. Sie sind bis zu einer gewissen Grenze großzügig. Man mag sie.

Der Aszendent Löwe mischt die Zwillinge freilich bei schlechteren Konstellationen regelrecht auf. Ihre Großzügigkeit wandelt sich häufig in selbstsüchtiges Streben. Diese Zwillinge mit dem Aszendenten Löwe mögen sich manchmal selbst nicht leiden. Im Zusammenleben mit ihnen müssen wohlmeinende Partner oft eingestehen, dass mit ihnen kaum gut Kirschen essen ist. Vom Löwen haben sie viel Hochmut mitgebracht, von den Zwillingen die Lust, sich hier und da schnell zu verändern.

Aszendent Jungfrau

Dieser Aszendent fördert die Merkur-Eigenschaften des Zwillinge-Menschen in finanzieller und ideeller Hinsicht. Wenn es um Geld und feste Werte geht, sind sie kaum zu schlagen. Hier wird der vom Zwilling oftmals gezeigte Wankelmut in Grundsatztreue umgemünzt. Dieser Zwilling mit dem Aszendenten Jungfrau benutzt den ihm angeborenen, oft unterkühlt dargebotenen Charme, um andere unmerklich auf sich und die eigene Meinung einzuschwören. Private Entscheidungen schiebt er hier und da auf die lange Bank, weil er ganz sichergehen will, dass zum rechten Zeitpunkt alles im Lot bleibt. Und dann ist er ein Leben lang treu wie Gold.

Es gibt einige unter diesen Zwillingen/Aszendent Jungfrau, die bei widrigen Konstellationen das bisher Gesagte auf den Kopf stellen. Sie sind zum Beispiel so aufs Geld versessen, dass sie es anderen nicht gönnen. Privat reagieren sie geradezu kopfscheu, wenn der Partner ihnen nicht zu Willen ist. Sie kapseln sich von Zeit zu Zeit gern von allen Freunden ab, weil sie jedem misstrauen.

Aszendent Waage

Er harmonisiert die Bestrebungen der Zwillinge und macht sie noch aufgeschlossener für eine lang dauernde, friedliche Koexistenz. Diese Zwillinge mit dem Aszendenten Waage erreichen viel durch die Hintertür. Sie werden den Lebenskampf erfolgreich bestehen, weil sie allen harten Auseinandersetzungen geschickt aus dem Wege gehen und nur dort ihre geistigen Fähigkeiten einsetzen, wo es sich für sie, jedoch auch für ihre Freunde lohnt. Mit Freundlichkeit gegenüber jedermann gewinnen sie alle Herzen im Sturm. Als Partner sind sie nicht nur deswegen heiß begehrt.

Die anderen Zwillinge mit dem Aszendenten Waage kennt man auch: Sie flattern von Blume zu Blume, tun diesem und jenem schön, lieben es aber meist unverbindlich. Frauen wie Männer dieses Mischzeichens können es nicht allzu lange an der Seite eines einzigen Partners aushalten, wenn sie irgendeinen schief gestellten Planeten in ihrem persönlichen Horoskop haben. Ihre Gefühle sind nicht sehr tiefgründig. Obwohl sie ebenfalls stets das Gute wollen, verfallen sie oftmals in Stimmungen, die sie von einer Seite zeigen, die sogar gute Freunde abschrecken kann.

Aszendent Skorpion

Der Aszendent Skorpion versucht, den Zwilling um jeden Preis unabhängig zu machen. Die nach außen gezeigte harte Schale umschließt bei dem Zwilling mit dem Aszendenten Skorpion jedoch meist einen weichen Kern. Darum wird er ab und zu gegen die eigene Natur ankämpfen und das Bild, das andere von ihm haben könnten, im positiven Sinn zurechtrücken. In der Liebe ist dieser Sternenmischling überaus heißblütig. Wenn der Partner mitmacht, ist er für alles zu haben, was den Reiz eines intimen Verhältnisses ausmachen kann.

Im negativen Fall hadern die Zwillinge/Aszendent Skorpion oftmals mit dem Schicksal. Manchmal liegen ihre Nerven blank. Sie reagieren ungeduldig, was sie nicht unbedingt beliebt macht. Dieser Mischtyp wird sich, auch wenn es ihn nichts angeht, in vielerlei Dinge einmischen und dann gelegentlich vom Schicksal den einen oder anderen Nasenstüber erhalten. In gewissen Fällen sticht er mit recht unfeinen Mitteln Konkurrenten aus. Er ist nicht sehr tolerant.

Aszendent Schütze

Er bringt viel Heiterkeit ins Leben der Zwillinge. An wechselnde Lebensumstände passt sich der Zwilling mit dem Aszendenten Schütze geschickt an. Er reagiert schnell und erreicht daher Positionen, von denen Vertreter anderer Tierkreiszeichen nur zu träumen wagen. Der Erfolg beim anderen Geschlecht ist dem

Zwilling/Aszendent Schütze sicher. Zu bestimmten Themen nimmt diese gute Astro-Mischung zwar nicht gern Stellung, kann dafür aber umwerfend fröhlich sein und wie ein Schmetterling lautlos von einem Liebesobjekt zum anderen flattern. Deshalb ist es verständlich, dass bei solch ambitionierten Zwillingen die Junggesellen in der Überzahl sind. Am Ende finden Männer und Frauen dieses Mischzeichens aber schließlich doch den Hafen, in dem sie vor Anker gehen können.

Leider neigen einige Zwillinge mit dem Aszendenten Schütze zur Schaumschlägerei und machen mehr von sich her, als wirklich in ihnen steckt. Das sind die Egoisten, die in jedem Tierkreiszeichen zu finden sind. In diesem speziellen Fall kommt aber noch Selbstüberschätzung hinzu, was nicht unbedingt den Erfolg im Leben sichert.

Aszendent Steinbock

Dieser Aszendent festigt den Charakter der Zwillinge. Hochfliegende Ideen werden in realistische Pläne umgesetzt, die im Allgemeinen Erfolg versprechen. Materielles Denken wird bei einigen dieser Mischtypen umgewandelt in soziale Hilfe für Mitmenschen, die sich in Not befinden. In jedem Fall aber will dieser Sternenmischling den eigenen Lebensstandard sichern. Dabei kommt dann sein Intimleben manchmal zu kurz. Er wird moralische Grundsätze vertreten und verfestigen.

Etliche Zwillinge/Aszendent Steinbock können die immensen Anstrengungen, die sie im Berufsleben bewältigen, gesundheitlich nicht gut verkraften. Sie neigen daher zu Depressionen oder zu nervösen Leiden. Wenn sie versuchen, in Kuren dasjenige aufzuholen, was sie vor lauter Arbeitswut versäumten, gelingt ihnen das kaum. Wegen ihres ständigen Strebens nach Geld und Wohlstand kümmern sie sich nicht sehr darum, ärztliche Ratschläge zu befolgen. Diese schlechter bestrahlten Zwillinge-Geborenen können nur selten mit ihren Kräften haushalten.

Aszendent Wassermann

Er unterstützt die geistige Beweglichkeit der Zwillinge. Hier werden mit nahezu wissenschaftlicher Akribie nützliche Gedanken in die Tat umgesetzt. Zwillinge mit dem Aszendenten Wassermann beobachten scharf und urteilen häufig noch schärfer. Das lässt sie im Beruf schnell aufsteigen und mit messerscharfer Logik schwierige Probleme lösen. Sie streben nach Harmonie im Privatleben, für das sie jedoch nicht immer genügend Zeit erübrigen, was sie zu Recht bedauern werden.

Atypisch bei diesen Zwillingen: Wenn eine schlechte Konstellation vorhergesagt ist, können Zwillinge mit dem Aszendenten Wassermann sich mit ziemlich unschönen Mitteln vor allem im Beruf durchsetzen. Diese Menschen verhalten sich selbst gegenüber guten Freunden gern taktlos und stoßen auch in der Verwandtschaft manchen vor den Kopf. Ihr Ich soll makellos bleiben, aber gerade dieses Verhalten ist es, das ihre Mitmenschen nicht mögen.

Aszendent Fische

Er steuert dem Zwilling ein wenig Leichtsinn bei. Trotzdem sind Harmonie und häuslicher Friede das erstrebte Ziel der Zwillinge mit dem Aszendenten Fische. Es macht diesen an sich liebenswerten Typen nichts aus, wenn ihnen trotz hoher geistiger Fähigkeiten manchmal die materielle Grundlage fehlt. Sie können mit Geld nicht unbedingt gut umgehen. Sie streuen es lieber unters Volk und machen sich bei allen beliebt. Mit dieser Anlage kommen sie oftmals weiter als weniger umgängliche Menschen.

Ein einziger schlechter Aspekt macht es möglich, dass Zwillinge mit dem Aszendenten Fische charakterlich umkippen. Das Geld rinnt ihnen durch die Finger, weshalb die erstrebte Karriere stagniert. Sie können sich nicht durchsetzen, weil sie etwas zu bequem sind. Ihnen ist es lieber, sich durchzuwursteln. Das andere

Geschlecht beten diese Mischtypen zwar an, aber mit der Treue nehmen sie es nicht allzu genau.

Aszendent Widder

Der Aszendent Widder setzt sich in Verbindung mit den Zwillingen gern durch. Die Zwillinge mit dem Aszendenten Widder arbeiten stets auf Hochtouren. Das färbt aufs Privatleben ab, für das sie meistens nicht allzu viel Zeit erübrigen können. Sie sind muntere Typen, die sich viele gute Freunde schaffen. Man lobt ihre Kameradschaftlichkeit. Auch kann man ihnen eine gewisse Großzügigkeit nicht absprechen. Zu diesem Kämpfertyp unter den Zwillingen passt es, dass seine vibrierenden Nerven von Zeit zu Zeit ein Beruhigungsmittel brauchen. Er wird jedoch stets dagegen angehen, was ihn für seine Mitmenschen besonders sympathisch erscheinen lässt.

Das genaue Gegenteil dieses durchaus positiven Menschentyps ist jener, der mit dem Mars des Widders durch die Gegend bolzt. Kampf mit allen erlaubten – meist jedoch auch unerlaubten – Mitteln, heißt bei ihm die Parole. Dass er sich mit einer solchen Charaktereigenschaft keine Freunde macht, ist verständlich. Selbst im zwischenmenschlichen Bereich setzen sich die Zwillinge mit dem Aszendenten Widder gern über die Meinung ihrer Lieben hinweg. Cool und sachlich, entscheiden sie nicht immer ganz richtig. Frauen und Männer dieser Sternenmischung sind wegen ihrer Geisteshaltung eigentlich die geborenen Singles.

Aszendent Stier

Er nutzt die geistigen Fähigkeiten eines Zwillings, um materielle Ziele zu erreichen und den Wohlstand zu mehren. Man kann diesen Zwillingen mit dem Aszendenten Stier nicht absprechen, dass sie, wenn es darauf ankommt, auch mal egozentrisch handeln werden. Sie sind halt realistisch denkende Menschen, die ganz in der Gegenwart leben und deshalb äußerst geschickt für die

Sicherung der eigenen Zukunft sorgen. Für die eigene Familie können sie sich bis zum Letzten einsetzen. Beim anderen Geschlecht sind sie nicht allein deswegen begehrt, weil sie charmant plaudern können. Sie setzen sich eben für die ihnen Nahestehenden selbstlos ein.

Ganz anders sieht es bei dem von widrigen Konstellationen bestrahlten Typ aus diesem Mischzeichen aus. Er erlahmt schnell bei der Arbeit und ist gegen alles und jedes, was andere ihm vorschlagen. Trotzdem kann man ihn mit süßen Komplimenten einfangen, wenn diese ihm schmeicheln. Der Zwilling mit dem Aszendenten Stier sucht bei harmlosen Diskussionen gern den Streit. Er wird deshalb an Ansehen verlieren. Privat wird er manchmal von einem Partner eingefangen, der nicht allzu häuslich ist.

Immer mit Gefühl: der Krebs

Gefühl ist alles im Leben eines Krebs-Menschen (22. Juni bis 22. Juli). Und wohl deshalb zählt das Zeichen zu den weiblichen im Tierkreis. Dieser eindrucksstarke, jedoch in seiner Grundhaltung passive Typ lebt sehr nach innen. Seine angebliche Schwäche ist gleichzeitig seine Stärke: Wenn er zögert, überdenkt er in allem die Folgen. Das Unbewusste sucht er zu ergründen und kommt daher zu passablen Ergebnissen. Seelisch gründet er tief.

Das Wasserzeichen Krebs sorgt für ein melancholisches Temperament. Die in ihm geborenen Menschen handeln meistens emotional, tun ihren Gefühlen keinen Zwang an und können ihren Mitmenschen nie etwas Schlechtes wünschen. Leider ist ihre Willenskraft begrenzt. Hier und da werden sie Leuten hörig, die eigentlich gar nicht so recht zu ihnen passen. Mit anderen Worten: Ihr Gefühl tendiert oft in die falsche Richtung.

Diese im Allgemeinen liebenswerten Menschen werden von den Triebkräften des Mondes beherrscht, der auf seltsame Weise ja auch in der Natur für Ebbe und Flut sorgt. Oft sind Krebs-Geborene hin- und hergerissen, können von einem Augenblick auf den anderen von Milde auf Härte umschalten, um sich nach schlafloser Nacht dann doch für Dasjenige zu entscheiden, was gefühlsmäßig das Richtige ist.

Krebs-Menschen haben viel Fantasie, ein phänomenales Gedächtnis und durch nichts umzustoßende Ideale. Man sagt ihnen Launen nach, die wie die Mondphasen wechseln. Manchmal beherrscht Trotz die Szene, wenn man eigene Schwächen kaschieren will.

Viele Krebse fühlen sich unselbstständig und von anderen geschurigelt. Das ändert aber nichts an der Tatsache, dass sie sich sehr wohl gut im Leben durchsetzen können. Ärger schlägt ihnen meistens auf den Magen, weshalb ihnen zum Beispiel die Verdauung zu schaffen machen kann. Trotzdem sind sie sehr widerstandsfähig und erreichen oft ein hohes Alter. Sie regenerieren sich schnell – besonders am Meer, dem Lebensraum ihres „Wappentiers".

Von diesem haben sie wohl auch jene zögernde Haltung, die sie stets zwei Schritte vor und einen zurück gehen lässt. Das schlägt auch auf den Berufssektor durch. Krebs-Menschen halten sich gern zurück, drängeln sich nicht vor, was ihnen vielfach als Schüchternheit ausgelegt wird. Aber so schüchtern sind sie nun wirklich nicht, dass sie nicht auch ihren eigenen Vorteil sehen würden. Sie haben einen gesunden Ehrgeiz, der sie nur dann seelisch leiden lassen kann, wenn sie dadurch andere zurücksetzen oder ihnen gar Schaden zufügen.

Im Grunde genommen verfolgt jeder Krebs-Mensch mit Zähigkeit ein Ziel, das er anvisiert hat. Und er wird es im Allgemeinen erreichen! Erfolg hat er vor allem in den so genannten freien Berufen, die künstlerischen eingeschlossen. Seine Hobbys Literatur, Musik und bildende Kunst sowie – wegen seiner Naturverbundenheit – den Gartenbau macht er oft zum Broterwerb. Er forscht gern, und sein Fernweh lässt ihn in Berufen Fuß fassen, in denen er es stillen kann. Sein ständiges Streben nach Sicherheit macht aber manchmal seine großen Wünsche zunichte, weshalb er Tätigkeiten vorzieht, die ihm ein gutes Salär einbringen.

Man findet Frauen und Männer dieses Zeichens häufig in sozialen Berufen, zum Beispiel als Fürsorger und Krankenpfleger. Als Ärzte leiden sie mit ihren Patienten, die auf ihre behutsame Behandlung schwören. Im Dienstleistungsgewerbe haben sie wegen ihrer freundlichen Art gute Aufstiegschancen.

Den Krebs-Frauen sagt man nach, sie seien die besten Hausfrauen im gesamten Tierkreis. Sie werden es bestreiten mit dem Hinweis, dass sie auch in jedem anderen Beruf gute Leistungen erbringen könnten, was viele zufriedene Chefs bestätigen werden.

Jeder Krebs-Mann sucht ein Leben lang seine Traumfrau. Zum Vorbild nimmt er sich oftmals die eigene Mutter. Leider sind solch einmalige Frauen dünn gesät. Trotzdem findet er nach einigen Liebesproben schließlich doch jemanden, mit dem er glaubt, eine Familie gründen zu können. Er ist ein guter Vater und ein gefühlvoller Ehemann, der sich nur zeitweilig von der eigenen Familie abkapselt, um zu grübeln. Daraus resultiert wohl die fälschliche Meinung, dass ein Krebs-Mann bei allem Gefühl, das er entgegenbringt, ein großer Egoist sei, der selbst auf die eigene Frau keine Rücksicht nimmt. Im Gegenteil: Ein Krebs-Mann wird die Frau, die er liebt, auf Händen tragen, wenn sie ihm seine Launen nachsieht.

Sehr empfindsam reagiert die Krebs-Frau. Sie kann niemandem weh tun. Und deshalb zögert sie, wenn jemand von Liebe spricht. Ein hartes „Nein" kommt ihr nicht über die Lippen, ein „Vielleicht" kann den Mann schon in Träumen wiegen. Sie ist mit so viel Gefühl und Herzenswärme ausgestattet, dass sie zur Idealfrau werden könnte, wenn da nicht kleine Launen das Bild verzerren würden.

Ihre Stimmungsumschwünge sind gleichzeitig aber auch das Klima, in dem sich wahre Liebe sonnt. Wer es mit ihr wagt, hat sicherlich einen guten Fang getan. Abgesehen von ihren hausfraulichen Fähigkeiten ist sie die beste Mutter und eine Frau, die ihrem Partner viel Liebe schenkt, wofür sie Vertrauen und zärtliche Gefühle fordert.

Die Aszendenten des Krebs-Zeichens

So wie eben beschrieben sind die Krebs-Menschen also im Allgemeinen; sie lassen sich aber von ihrem Aszendenten leicht aufmischen. Lesen Sie daher im Folgenden, was das zur Geburtszeit am östlichen Himmel aufgehende Tierkreiszeichen im Krebs-Zeichen bewirken könnte.

Aszendent Krebs

Er sorgt im eigenen Zeichen für noch mehr seelischen Tiefgang. Zwar wird in dieser Verbindung auch manches Negative zutage treten, doch das Positive wird fast stets überwiegen. Der Krebs/ Aszendent Krebs umsorgt vorbildlich den Partner und enge Freunde. Er ist fleißig und immer bestrebt, in jeder Hinsicht Ordnung zu halten. Im Beruf wird er oft ausgenutzt, vergisst aber schnell die innerbetrieblichen Querelen, wenn er daheim fröhlich und beschwingt den Ton angeben darf. Er ist anschmiegsam und treu.

Leider erschüttern seine Launen, wenn das Wetter wechselt oder der Mond in eine andere Phase tritt, das sonst friedliche Zusammenleben mit diesem doppelten Krebs. Einige dieser wetterwendischen Typen sind recht willensschwach und empfindlich. Ihr Eigensinn lässt sie vielfach das Falsche tun, obwohl sie genau wissen, dass sie damit anecken können.

Aszendent Löwe

Dieser Aszendent schafft den so genannten Krebsgang ab und ersetzt ihn durch eine überall zur Schau gestellte königliche Haltung. Solch ein Mensch tritt höchstens einmal aus lauter Höflichkeit einen Schritt zurück.

Selbst im Kollegen- und Freundeskreis wird der Krebs/ Aszendent Löwe bald als „toller" Typ erkannt, der er ja eigentlich auch ist. Schließlich kann er – ganz untypisch für einen Krebs-Geborenen – das Geld mit vollen Händen ausgeben, um den anderen zu zeigen, welches „Goldkind" sie an ihrer Seite haben. In der Liebe hat er kaum Schwierigkeiten, da er dank seines zuvorkommenden und netten Wesens meist den richtigen Partner finden wird.

Leider macht sich der von einem negativen Aspekt beeinflusste Krebs mit dem Aszendenten Löwe im Beruf hier und da manches zunichte, da er manchmal zu verhängnisvollen übereilten Entscheidungen neigt. Es wäre viel für ihn gewonnen, wenn er mehr auf sein Gefühl vertraute, das ihm den richtigen Weg weist. Manch einem ist dieser Typ ein wenig zu hochmütig.

Aszendent Jungfrau

Er sucht ein gesundes Leben in der Natur. Da es aber auf dieser Welt kaum noch das ruhige Fleckchen Erde gibt, nach dem er sich sehnt, stellt er sich wie seine Mitmenschen dem Lebenskampf und setzt sich durch, weil seine Konkurrenten glauben, er könne kein Wässerchen trüben. Viele Krebse mit dem Aszendenten Jungfrau bleiben aus Überzeugung ein Leben lang ledig oder wohnen mit einem Partner zusammen, der auf einen Trauschein keinen Wert legt. Dabei können gerade die Krebs-Menschen/Aszendent Jungfrau absolut treue und verlässliche Partner sein.

Der Aszendent Jungfrau veranlasst den Krebs bei schlechtem Aspekt zu einem völligen Rückzug aus seiner angestammten Umwelt. Dieser Sternenmischling wirkt nach außen sehr verschlossen. Von Zeit zu Zeit möchte er aus der Gesellschaft entfliehen und sein Glück als Einsiedler im finstersten Hinterwald suchen. Er setzt seine Verstandeskräfte nur ein, um seine Mitmenschen von seiner asketischen Handlungsweise zu überzeugen. Das Gefühl wird bei diesem Krebs manchmal von Lebensangst zurückgedrängt. Überdies ist er gegen Krankheiten nicht immun. Da er das weiß, steigert er sich oft in Zustände hinein, die ihn dann tatsächlich krank werden lassen.

Aszendent Waage

Der Aszendent Waage unterstreicht beim Krebs die angeborene Heiterkeit und Frohnatur. Dieser Sternenmischling gewinnt auch dem Gesellschaftsleben die besten Seiten ab, wenngleich er den kleinen Kreis von guten Freunden bevorzugt. Der Krebs mit dem Aszendenten Waage ist zuvorkommend und freundlich zu jedermann. Kollegen und Freunde schätzen diesen fröhlichen Typ, und Chefs hofieren ihn. Er findet wegen seines gewinnenden Wesens meist schnell einen Lebenspartner, mit dem er durch dick und dünn gehen kann.

Auf der anderen Seite – und damit kommen wir zu minder guten Seiten einiger Krebs-Menschen mit dem Aszendenten Waage – können sich diese nur schwer für eine bestimmte Sache entscheiden, was ihrer Karriere sicherlich nicht förderlich ist. Auch wird von eitlem Gehabe und Selbstgefälligkeit berichtet. Die so bestrahlten Typen sind in vielen Fällen leichtsinnig und wollen sich stets ins beste Licht rücken. Oft wird auch von übergroßer Sinnlichkeit berichtet, die Partnerschaften stören kann. Geduld ist nicht unbedingt die starke Seite dieser Krebse mit dem Aszendenten Waage.

Aszendent Skorpion

Er beflügelt die Fantasie des Krebs-Menschen. Zum Glück fängt er Stimmungsumschwünge rechtzeitig auf und gibt ihnen nicht nach. Schon um sich selber abzusichern arbeitet der Krebs/Aszendent Skorpion unter Einsatz seiner ganzen Kraft. Wenn er endlich die materielle Sicherheit gefunden hat, die er sich wünscht, kann er plötzlich aus seinem gewohnten Leben ausbrechen und möglicherweise in weiter Ferne sein Glück suchen. Wer ihn zum Partner hat, bändigt seinen etwas unruhigen Geist, indem er mit ihm – quasi als Ventil für das Fernweh – auf Bildungsreisen geht. Alles in allem ist dieser positiv bestrahlte Typ ein liebenswerter Mensch, mit dem man über alles reden kann.

Aber es gibt auch jenen Krebs/Aszendent Skorpion, dem man nichts recht machen kann. Bei ihm wechseln die Stimmungen und Launen schneller als üblich. Er gibt seinen Zeitgenossen ständig unlösbare Rätsel auf. Er hat vor seinen Angehörigen und Freunden stets Geheimnisse, die vermuten lassen, dass er nicht ganz zu seinem Wort steht. Das ist aber meist nicht der Fall; denn obwohl dieser Sternenmischling beständig in Opposition zu allen möglichen und unmöglichen Angelegenheiten steht, hat er einen Vorzug vor vielen anderen: Er kann in einer engen Verbindung absolut treu sein.

Aszendent Schütze

Dieser Aszendent macht den ohnehin naturliebenden Krebs-Menschen besonders reise- und wanderlustig. Das drängt auch die depressive Veranlagung des Krebses fühlbar zurück. Der Krebs mit dem Aszendenten Schütze kann arbeiten wie kaum ein anderer. Er findet viele Freundinnen und Freunde, denen er offen und ehrlich gegenübertritt. Er braucht einen verständnisvollen Menschen an seiner Seite. In der Liebe ist er unübertrefflich, wenn man ihn nur machen lässt.

Der andere Typ, über den wir hier berichten wollen, ist sehr oft übernervös. Das drückt sich auch in seiner Arbeitsleistung aus. Im Intimleben wird er leider ausgerechnet von den Menschen enttäuscht, denen er sich auch freundschaftlich verbunden fühlte. Er ist sich sicher, dass seine zärtliche Hingabe an einen Menschen vielfach als Schwäche ausgelegt wird. Und deshalb ist es durchaus verständlich, wenn er sich nur zögernd zu einer festen Beziehung entschließt. Lieber wechselt dieser Krebs/Aszendent Schütze von einem Partner zum anderen, als sich festzulegen.

Aszendent Steinbock

Er sorgt dafür, dass beim Krebs zumindest die Finanzen stimmen. Manchen mag dieser Mischtyp als harter oder sogar herzloser Mensch erscheinen. Das ist er aber nicht, wie Herzenspartner dieses Krebses/Aszendent Steinbock gern bestätigen werden. Sie loben vielmehr seine ständige Hilfsbereitschaft und die liebevolle Hingabe, wenn er einmal länger als üblich daheim sein kann, was freilich wegen steter Arbeitsüberlastung leider nicht allzu oft vorkommen mag. Mit einiger Umsicht sorgt er dafür, dass es seinen Lieben gut geht. Er wird es an nichts fehlen lassen.

Auf der anderen Seite sät der Steinbock Misstrauen ins Herz des Krebses und lässt ihn zwischen Verstand und Gefühl unsicher hin- und herpendeln. Das aber führt in den zwischenmenschlichen Beziehungen selten zum Ziel. Beruflich setzt der Krebs mit dem Aszendenten Steinbock seine Ellbogen ein und verfolgt seine mehr als egoistischen Pläne. Zu tadeln wäre bei diesem Ich-Menschen ebenfalls, dass er seinen Lieben vor Eifersucht kaum Freiraum lässt. Dieser weniger gut bestrahlte Mischtyp hält den Daumen auf seinem Geld, weil Geiz hier seine „starke" Seite ist.

Aszendent Wassermann

Er führt den Krebs in eine Traumwelt und hält ihn dort gefangen. Die Fantasie treibt in dieser Verbindung Blüten und sorgt dafür, dass das Leben eines Krebs-Menschen mit dem Aszendenten Wassermann niemals langweilig wird. Trotz aller Wolkenguckerei wird dieser Mischtyp im Berufsleben überragende Leistungen erbringen. Er hat viele Ideen, die er mithilfe wohlmeinender Mitmenschen auch verwirklichen kann. In den zwischenmenschlichen Beziehungen findet er gute Kontakte zu gleichgesinnten Freunden und Freundinnen. Feste Bindungen strebt er an und hat den Willen, treu zu sein.

Der Aszendent Wassermann sorgt auch dafür, dass der mit ihm verbandelte Krebs manchmal vorschnell handelt. Da schleicht sich viel Unberechenbarkeit ein. Mit der von einem schlechten Aspekt regierten Sternenmischung bringt man es nicht unbedingt weit. Das kommt daher, dass der stets etwas zögernde Krebs sich bei dem erfolgsorientierten Wassermann durchsetzt. Ab und zu bricht dieser Krebs aus einer festen Bindung aus. Und daraus ersieht man, dass in seinen Adern eben doch das unruhige Blut des Wassermanns fließt.

Aszendent Fische

Dieser Aszendent verstärkt die herzliche Art des Krebses, mit der er allen Menschen gegenübertritt. Seine Durchsetzungskraft ist ein wenig beschränkt. Da er aber weiß, dass man sie benötigt, um Karriere zu machen, rafft er sich irgendwann auf, eine gute Stellung zu erobern, wobei er immer hilfreiche Gönner findet, die ihm den Weg nach oben ebnen. Der Krebs/Aszendent Fische ist ein liebenswerter Partner, der sich für seine Familie vorbehaltlos einsetzt. Da er auf dem Weg zu einer Karriere leider erst spät in einem Liebesnest Anker werfen kann, wird er das große Glück an der Seite eines liebevollen Partners manchmal erst spät finden können

Der Krebs/Aszendent Fische fühlt sich oft stiefmütterlich behandelt. Und dann zieht er sich trotzig zurück von der ach so bösen Welt und schmollt. Dieser Wesenszug bringt ihn aber nicht weiter. Und deshalb schließt er sich hier und da Menschen an, die ihn nicht immer zum Guten verführen wollen. Das heißt, dieser untypische Krebs mit dem Aszendenten Fische ist leicht verführbar.

Obwohl auch er der beste Lebensgefährte sein könnte, steht er manchmal unter dem schlechten Einfluss missgünstiger Leute, die einen Keil in jede gute Beziehung treiben möchten. Da mag das Herz noch so übervoll sein: Wenn der Verstand in die falsche Richtung leitet, ist alle Liebesmüh´ vergeblich.

Aszendent Widder

Er bildet den Unsicherheitsfaktor im Leben eines Krebs-Menschen. Trotzdem setzen sich die guten Anlagen des Krebses gegenüber denen des schier übermächtigen Widders oft durch. Und dann kommt es zu einer passablen Mischung zweier unterschiedlicher Typen. Der Krebs/Aszendent Widder ist durchaus liebenswert. Er sträubt sich auch dagegen, ständig Angriffslust zu beweisen. Natürlich übernimmt dieser Krebs ein wenig von der Arbeitswut des Widders. Wie sollte er es sonst im Leben zu etwas bringen? Aber ganz privat bleibt er den Anlagen des Krebses treu: Er ist familiär und glücklich, wenn er jemanden findet, den er lieben kann.

Leider macht aber der Aszendent Widder den sonst so ruhigen Krebs manchmal zu einem zornigen Zeitgenossen, der ohne Grund plötzlich aufbraust und sich dabei selbst das Leben schwerer macht, als es in Wirklichkeit ist. Dieser Aszendent verunsichert, wenn es die planetarischen Unbilden so wollen, den immer nach Sicherheit strebenden Krebs. Da werden hervorragende Pläne plötzlich kurz vor ihrer Verwirklichung wieder verworfen. Dieser Krebs/Aszendent Widder ist, was die eigene Person betrifft, überaus empfindlich, kann jedoch mit anderen hart ins Gericht gehen.

Aszendent Stier

Der Aszendent Stier verstärkt die nützliche Ader des Stiers, materiellen Vorteil aus allem zu ziehen, was das Leben erträglicher machen kann. Finanzielle Absicherung ist hier oberstes Gebot. In dieser Verbindung wird Wohlstand versprochen, der allerdings hart erarbeitet werden muss. Der Krebs mit dem Aszendenten Stier ist in seiner Grundhaltung konservativ, aber seine Neigung, gegen Ungerechtigkeiten vorzugehen, macht ihn ab und an zum Revolutionär. Auf jeden Fall setzt er sich im Beruf wie in der Familie durch, bleibt jedoch ein treuer Partner, der sich für Freunde und seine Lieben vorbehaltlos einsetzt.

Wenn der schlecht bestrahlte Typ sich durchsetzt, ist oftmals „Qualm in der Küche". Das friedvolle Zusammenleben, nach dem eigentlich Stier und Krebs gleichermaßen streben, ist gestört und bewirkt das Gegenteil von dem, was der Mischtyp erreichen will. Leider neigt er auch zu diktatorischen Entscheidungen und macht denen, die ihm zugetan sind, die Hölle heiß.

Aszendent Zwillinge

Er fördert die beim Krebs vorhandenen vielseitigen Interessen und den Hang, alles vorher abzuwägen, was in die Tat umgesetzt werden soll. So gelangt der Krebs/Aszendent Zwillinge fast immer ans Ziel seiner Wünsche. In dieser Verbindung werden intellektuelle Fähigkeiten ausgenutzt, um andere zu überflügeln. Aber das geschieht mit großer Leichtigkeit und keinesfalls mit brachialer Gewalt. Durch geistige Überlegenheit werden Konkurrenten davon überzeugt, dass man den guten Ansätzen, die der Krebs/Aszendent Zwillinge vorgibt, folgen sollte. In der Liebe ist dieser positiv ausgerichtete Typ durchaus treu und anhänglich. Da setzt sich der Krebs gegenüber dem etwas liberaler denkenden Zwillinge-Aszendenten wohl durch.

Sind die Konstellationen eher negativ, lässt der Aszendent Zwillinge den Krebs noch wankelmütiger und unentschlossener wirken, als dieser sowieso schon ist. Hier wird manches an der Oberfläche ablaufen. Man geht nicht unbedingt auf gute Ideen ein, sondern lässt ab und zu sogar kurz vor dem Ziel von einem einmal gefassten Plan ab. Dabei sei auch auf eine weitere Untugend des schlecht bestrahlten Krebses/Aszendent Zwillinge hingewiesen: Er ist nicht immer treu.

Der königliche Löwe

Es ist schon ein königliches Zeichen, das den Löwen (23. Juli bis 23. August) zum Wappentier hat und von männlicher Willensstärke zeugt, wobei die weibliche eingeklammert ist. Löwe-Menschen sind sich ihres Wertes wohl bewusst. Sie handeln, wo andere noch abwarten. Wer ihnen Beifall klatscht, kann sich ihrer Freundschaft sicher sein. Aber wie alle kraftvollen Persönlichkeiten könnten sie über ihre eigene Größe stolpern, weil sie hier und da den Kopf zu hoch tragen, sodass sie das kleine Hindernis auf ihrem Weg nicht sehen.

Hier ist ein Feuerzeichen, das zum cholerischen Temperament viel Leidenschaft ins Spiel bringt. Löwe-Menschen reagieren schneller als andere, ihr Ehrgeiz zeugt von ihrer Besessenheit, nach oben zu gelangen. Zäh und beharrlich gehen sie ihren Weg und scheuen niemals davor zurück, selbst das schier Unmögliche doch noch möglich zu machen.

Ihr Lebensakku wird von Sonnenenergie aufgeladen. Die Sonne ist der Herrscher in diesem Zeichen. Selbst zarte, schlanke Löwe-Frauen gehen mit einer Tatkraft ans Werk, dass den Mitmenschen nichts anderes übrig bleibt, als sie zu bewundern.

Jeder Löwe-Mensch weiß, was er sich und seinen zahlreichen Fans schuldig ist: Seine Großzügigkeit geht oft über die eigenen finanziellen Möglichkeiten hinaus. Aber er kann einfach nicht anders! Mit der Zeit freilich kommt das Kapital, das ihn solche Public Relations kosten, doppelt und dreifach zurück. Ein Löwe-Mensch – so viel kann man sagen – bleibt kaum arm.

Trotz seiner vorwärtsstrebenden Art und seiner zur Schau gestellten Würde ist jeder Löwe-Geborene von einer Herzlichkeit und bei aller Zurückhaltung von so großer Gefühlswärme, dass er überall Freunde finden müsste, wenn da nicht in seiner Nacht-seele einige Charakterzüge überkochen würden, die das sonst so ungetrübte Bild ein wenig verzerren. Hier ist viel von Selbst-überschätzung, Herrschsucht, übersteigerter Eitelkeit und ebenso von Unduldsamkeit die Rede. Aber all das kommt nur zum Tragen, wenn im Horoskop des Löwen ein „verkorkster" Planet herum-geistert.

Da dieser sonnige Typ riesige Kraftanstrengungen bewältigt, um im Leben viel zu erreichen, bedroht ihn am meisten die so ge-nannte Managerkrankheit, das heißt: Herz und Kreislauf sind manchmal instabil, und auch die Bandscheiben machen ihm in späteren Jahren zu schaffen. Dabei könnte er kerngesund sein, wenn er seine Freizeit und seinen Urlaub zur Regeneration nut-zen würde, um besagten Sonnenakku durch süßes Nichtstun wie-der aufzuladen.

Im Beruf streben Löwe-Menschen selbstbewusst nach Leitung und Führung. Ihre reizende Art verschafft ihnen Protektion. Sie haben jedoch ebenso viele Neider. Bekannte Manager wurden in dem Sonnenzeichen geboren, Chefärzte, Großkaufleute und nicht zuletzt durchsetzungskräftige Politiker. In vielen Vereinen und Verbänden haben sie das Sagen.

Löwen, die spekulieren, können leicht Verluste erleiden, weil sie als Spielernaturen möglicherweise weder Maß noch Ziel ken-nen. Selbst hier spielt eine gewisse Großzügigkeit im Umgang mit Geld eine Hauptrolle. Es ist eben nicht alles Gold, was da beim Löwen glänzt.

Rechte Glückskinder sind vor allem die weiblichen Löwe-Typen, deren beruflicher Aufstieg gesichert ist, falls sie nicht vor-her von irgendeinem Nabob geheiratet werden. Sie sind char-mante Besitzerinnen von Boutiquen, Empfangsdamen in großen Hotels, verschwiegene Chefsekretärinnen und – ausgezeichnete Hausfrauen, die ihrem Hausstand damenhaft vorstehen. Dass sie aber auch in typischen Männerberufen wie auch im Management bedeutender Firmen und in Ministerien zu finden sind, braucht einen nicht weiter zu verwundern.

Wie aber steht's mit der Liebe? Löwe-Frauen wollen selbst in den intimen Stunden ihres Lebens als Damen behandelt werden. Sie haben meist Sexappeal und lieben Schmuck und Geschmeide. Ihre Umgangsformen passen sich dem Bild einer Frau an, der die Männerwelt zu Füßen liegt. Möglicherweise spielt sie zunächst die Unnahbare, bis sie zu flirten beginnt. Kein Mann wird da widerstehen. Eine Löwe-Frau diskutiert gern über Gott und die Welt. So kommt man ihr näher. Eroberertypen merken meist gar nicht, dass sie selbst von dieser so aristokratischen Dame erobert wurden. Mag sie auch lange zwischen den Fronten hin- und hergependelt sein – in der Ehe ist sie absolut treu und versteht es, gesellschaftlich zu repräsentieren.

Der letzte Ritter im Tierkreis ist der Löwe-Mann. Er hat Charme und das gewisse Etwas, das Frauen anzieht. Über Mangel an weiblichen Fans kann er sich nicht beklagen. So verteilt er in jungen Jahren seine Huld und erweist sich als der großzügigste Kavalier, den man sich denken kann. Seine Freundinnen wissen meistens nicht, dass die fantasievollen Geschenke des Löwen, mit denen er ihnen imponieren will, eventuell auf Pump gekauft wurden. Er verschenkt seine Gunst mal an diese, mal an jene, und eigentlich ist jede zufrieden mit ihm.

Von Treue redet er aber erst später, wenn er die Richtige gefunden zu haben glaubt. Meist ist er dann schon in gesicherten Verhältnissen und könnte sich sogar ein armes Mädchen leisten, wenn es das in seinen Kreisen überhaupt gibt. Mit anderen Worten: Er wäre nicht abgeneigt, landet aber schließlich doch bei einer Dame, die er auf Gesellschaften herzeigen kann.

Die Aszendenten des Löwe-Zeichens

Nicht alles, was hier über den Löwe-Typen geschrieben wurde, trifft haargenau zu. Da sind nämlich noch die Aszendenten, die mitmischen, was freilich den Löwen als solchen nicht sehr verändern wird. Denn das Zeichen Löwe gehört zu den starken im Tierkreis, ist also sehr stabil gegenüber Einflüssen von außen.

Aszendent Löwe

Er setzt einer ohnehin imponierenden Persönlichkeit die Krone auf. Mit diesem Aszendenten ist der Löwe-Mensch er selbst. Ein solcher Löwe ist autoritär und sinnenfroh. Er liebt die eigene Prachtentfaltung, streut sein Geld unters Volk und lässt sich bewundern. Aber er ist gerecht gegen jedermann. In der Liebe neigt dieser sonnige Mensch zu mannigfaltigen Abenteuern, die jedoch erlebt werden müssen, um aus der großen Zahl der Bewerber oder Bewerberinnen den einmaligen Schatz herauszufinden, mit dem man sich fürs ganze Leben verbünden will. Und dann können Löwe-Frau oder Löwe-Mann in Liebe schwelgen.

Natürlich gibt es unter den doppelten Löwen auch einige, die diesem Bild nicht entsprechen. Das sind diejenigen mit einem verkorksten Aspekt im Horoskop, die alles unter die eigene Herrschaft zwingen wollen, die in jeder erdenklichen Gesellschaft den Ton angeben und sich hernach wundern, dass ihre Freundinnen oder Freunde kaum Lust haben, sich mit solchen atypischen Löwen zu verbinden. Dies sind die Außenseiter im doppelten Löwen, die es in jedem Tierkreiszeichen gibt.

Aszendent Jungfrau

Der Aszendent Jungfrau macht den Löwen weniger robust als andere Sterntypen. Der Löwe/Aszendent Jungfrau flüchtet sich gern in Krankheiten. Trotzdem wird solch ein wacher Geist meist die richtigen Lösungen für alle Probleme finden. Dieser Mensch, der natürlich auch ein wenig von beiden Zeichen in sich hat, wird trotz allem großzügig sein und lieber den geistvollen Witz der Jungfrau ins Spiel bringen als ihre Sparsamkeit, die ins Guinness-Buch der Rekorde gehört. Auch der Löwe mit Aszendent Jungfrau ist eben doch ein echter Löwe, der sich rasch verlieben kann, aber sich am Ende den richtigen Menschen aussucht, der an seine Seite gehört.

Bei schlechteren Konstellationen sind solche Mischlinge allerdings in Einzelfällen auch mal etwas anders gelagert. Statt selbst zu handeln, schicken diese widersprüchlichen Typen gern andere vor, wenn es gilt, eine verfahrene Situation zu retten. Diese Löwen mit dem Aszendenten Jungfrau sind meist unsicher und unbeholfen. Und in der Liebe können sie durchaus die falsche Wahl treffen.

Aszendent Waage

Er bringt dem Löwen zur Durchsetzungskraft die geistige Beweglichkeit. Das befähigt den Löwen mit dem Aszendenten Waage, in höchste Stellungen zu gelangen. Oft hat dieser Mischtyp künstlerischen Sachverstand oder auch kunsthandwerkliches Geschick. Er ist gerecht gegen sich und andere und glänzt in Gesellschaften durch anmutige Eleganz. Er findet auch zahlreiche Gönner, die ihm auf seinem Lebensweg weiterhelfen werden. Wenn er zu Geld und Ehren gekommen ist, kennt seine Hilfsbereitschaft keine Grenzen. Aber er bleibt trotz kleinerer Waage-Beigaben immer noch ein echter Löwe vom Scheitel bis zur Sohle.

Bei schlechteren Aspekten ist der Löwe mit dem Aszendenten Waage auch mal launisch, vor allem wenn ihm nicht die genügende Hochachtung entgegengebracht wird. Er ist eitel darauf bedacht, sich ins rechte Licht zu rücken, was ihm – wie er meint – von anderen missgönnt wird. Dieser Löwe ist im Beruf bestrebt, immer weiter nach oben zu kommen. Da er aber nicht unbedingt die Fans findet, die auf ihn zu steuern, bleibt er häufig allein. Das Durchstarten fällt ihm dann trotz guter Anlagen schwer. Privat macht er sich ebenfalls manchmal das Leben schwer.

Aszendent Skorpion

Er stärkt das Selbstbewusstsein des Löwe-Menschen und verhindert die Offenlegung seiner charakterlichen Schwächen. Er gibt sich im Beruf wie privat sehr locker, kann jedoch nicht verhindern, dass seine Mitmenschen das etwas anders sehen. Sein starker Wille ermöglicht ihm, in die obere Etage des Lebens aufzusteigen, wo er sich – wie er glaubt – hier und da diktatorisch durchsetzen muss. Im Privatleben ist er ganz anders: Wegen seiner Hilfsbereitschaft und Freundlichkeit schätzt ihn jeder, der ihn näher kennen gelernt hat.

Mit einer nicht so guten Konstellation im Horoskop offenbart sich der Löwe mit dem Aszendenten Skorpion als eisenharter Typ, der – wenn es darauf ankommt – keinem Streit aus dem Wege geht. Hier setzt sich der berühmte Giftstachel des Skorpions durch. Diesem Löwen ist jedes Mittel recht, um über seine Umwelt zu triumphieren. Am Ende aber ist es möglich, dass er sich bei seinem gewaltsamen Einsatz selbst einige Blessuren holt.

Aszendent Schütze

Dieser Aszendent steigert die Sinnenfreude und die Abenteuerlust des Löwen. Dieser sympathische Mischtyp sucht durch häufige Veränderung Abwechslung im Lebensalltag. Der Löwe mit dem Aszendenten Schütze ist ein sportlicher Mensch, der stets Hochleistungen vollbringen will. Er setzt sich im Beruf dank seiner hervorragenden Geistesgaben durch. Die Natur liebt er über alles, weshalb Partnern dieses Typs anzuraten wäre, seine Hobbys zu teilen und mit ihm in der Freizeit zu wandern. Das festigt eine enge Verbindung. Im Intimleben ist der Löwe mit dem Aszendenten Schütze stets mit viel Gefühl bei der Sache. Leider steht er einer staatlich sanktionierten Beziehung kritisch gegenüber. Für ihn ist Liebe die Hauptsache – was braucht es da noch einen Trauschein?

Der andere Typ dieses Löwen ist trotz negativer Aspekte ebenfalls sportlich, er holt sich jedoch manche Schramme und ist sehr enttäuscht, wenn er für seine Leistungen nicht die gebührende Anerkennung erhält. Er muss sich in fortgeschrittenem Alter vor allem vor zu häufigem Verzehr von Genussmitteln in Acht nehmen. Der Löwe mit dem Aszendenten Schütze hat den Leichtsinn für sich gepachtet, wenn die Sterne ungünstig für ihn stehen. Er flattert im Privatleben von einem Verhältnis zum anderen und steht dann möglicherweise in späteren Jahren allein da, selbst wenn er noch so viele Freundinnen und Freunde um sich schart.

Aszendent Steinbock

Er bremst den Löwen beim Geldausgeben. Das ist für ihn von Vorteil, denn eine Bilderbuchkarriere scheint diesem Mischtypen sicher zu sein. Der Löwe/Aszendent Steinbock fühlt sich – meistens zu Recht – gescheiter als seine Mitmenschen, ist aber nie hochmütig. Er geht auf jeden zu, der ihm seine Zuneigung offenbart. Erst wenn er genügend verdient hat, bricht die Großzügigkeit des Löwen durch. Dann färbt die soziale Ader des Steinbocks auf diesen Mischtypen ab, der im Privatleben ein liebenswerter Partner ist und alles tut, damit seine Familie auf den so genannten grünen Zweig kommt.

Nach außen hin tritt auch der Löwe mit dem Aszendenten Steinbock selbstsicher auf, selbst wenn ihn ein verkorkster Aspekt in seinem Leistungsvermögen hemmt. Gerade dann aber leidet er innerlich sehr. Mit anderen Worten: Er ist depressiv veranlagt, stilisiert jede Störung seiner Gesundheit zu einer schlimmen Krankheit hoch, die von seinen Mitmenschen gebührend beachtet werden sollte. Er ist niedergeschlagen. Oft stört auch regelrechte Arbeitsunlust seine an sich enormen Fähigkeiten. Partner dieses Typs sollten ihm immer wieder Mut machen. Er wird es ihnen mit Liebe vergelten.

Aszendent Wassermann

Der Aszendent Wassermann sorgt beim Löwe-Geborenen für ein gesteigertes soziales Empfinden. Dem Löwen/Aszendent Wassermann ist die eigene Person nicht mehr das Wichtigste. Er ist kameradschaftlich und hat viele Ideen, die er nur deshalb ab und zu auf Eis legt, weil er sich an einer ganz bestimmten Vision festgebissen hat. Im zwischenmenschlichen Bereich überzeugt er durch Charme und Zuneigung. Diesen Sternenmischling muss jeder mögen, der wie er in einer festen Beziehung ein jederzeit aufkündbares Verhältnis sieht.

Der eher negativ bestrahlte Löwe mit dem Aszendenten Wassermann geht da noch weiter. Er ist nicht immer treu, sondern in der Liebe recht wetterwendisch. Im Beruf wechselt er gern die Stelle, wenn ihm irgendetwas nicht passt. Trotzdem bringt er es meistens immer wieder zu hohen Positionen, in denen er aber oft nicht die Bedingungen erfüllt sieht, die er sich wünscht.

Aszendent Fische

Er nimmt mit dem Löwen das Leben leicht. Der Löwe/Aszendent Fische liebt das Spiel mit dem Glück, lässt aber auch seine Mitmenschen daran teilnehmen. Das verschafft ihm Freunde, die jedoch nicht immer zurückzahlen, was er ihnen zugedenkt. In jungen Jahren ist er von nahezu verschwenderischer Großzügigkeit. Das gibt sich aber, wenn er merkt, dass er damit nichts für sich herausholt. Ihm wird schließlich immer wieder geholfen, weil er zu den Umgänglichen unter den Löwen zählt. Der Löwe mit dem Aszendenten Fische – ob Frau oder Mann – ist nach einigen Fehlversuchen meistens der Treueste im gesamten Tierkreis, wenn er erst den richtigen Partner fürs ganze Leben gefunden hat.

Dieser Löwe-Typ hat einen starken Willen. Da hindert ihn selbst ein Fische-Aszendent nicht, sich gegen alle Widerstände durchzusetzen. Dafür hemmt dieser den starken Löwen, seine gefühlsmäßigen Anlagen in die Tat umzusetzen, wenn die Gestirne negative Aussagen bewirken.

Mit anderen Worten: Der Löwe mit dem Aszendenten Fische ist ein wenig unbeständig. Das trifft auf den Beruf, jedoch auch aufs Privatleben zu. Manchmal kann er sich nicht so richtig entscheiden, was er tun soll.

Aszendent Widder

Er ähnelt dem Löwen in der Durchsetzungskraft. Das verschafft diesem Mischtypen großen Erfolg im Beruf, aber auch in seinem Privatleben. Der Löwe/Aszendent Widder räumt alles aus dem Weg, was sich seinem Vorwärtsdrang entgegenstellt. So macht er Karriere und ist kaum zu bremsen. Er sprüht nur so vor Arbeitseifer, erübrigt aber trotzdem noch eine Menge Zeit, um sich auch privat ausleben zu können. Seine Partner lieben ihn sehr, weil er stets Verständnis für ihre Sorgen und Nöte hat; er beansprucht jedoch Liebe und Anerkennung für sich und seine Großzügigkeit.

Natürlich ist auch der von schlechteren Aspekten bestrahlte Löwe mit dem Aszendenten Widder bekannt. Sein Einsatz im Berufsleben ist meistens so enorm, dass er seine Gesundheit gefährdet. Der ständige Stress ist nicht gerade das Richtige für diesen Mischtypen. Und nur deshalb erreicht dieser an sich leistungsfähige Mensch manches hoch gesteckte Ziel nicht. Als Folge davon kann es im Privatleben zu vielen Vorwürfen kommen, die dem Löwen mit dem Aszendenten Widder zusätzlich das Leben schwer machen.

Aszendent Stier

Der Aszendent Stier lässt den Löwen vorsichtiger taktieren. Dessen Großzügigkeit zum Beispiel wird nur noch bei guten Freunden und bei lieben Angehörigen zum Tragen kommen. Der Löwe mit dem Aszendenten Stier ist äußerst widerstandsfähig und weniger anfällig für Krankheiten, weil er die Arbeit nie in Stress ausarten lässt. Er kann allerdings Menschen ohne festen Willen nicht ausstehen. In der Partnerschaft ist er absolut treu. Seine Familie verteidigt er gegen alle, die ihr übel wollen. Er ist eben ein echter Familienmensch.

Bei schlechteren Gestirnsstellungen zeichnet sich dieser Mischtyp durch viel Eigensinn aus. Man kann ihm zeitweise nichts recht machen. Er kritisiert jeden, der ihm helfen will, im Leben weiter-zukommen. Dadurch macht er sich nicht unbedingt zum guten Freund jener wohlwollenden Menschen, die seine Gönner sein könnten.

Dieser Löwe mit dem Aszendenten Stier verärgert gute Freunde durch seine große Lust, mit jedem zu streiten. Wie gut, dass dieser Mischtyp nicht allzu häufig in Erscheinung tritt.

Aszendent Zwillinge

Er treibt den Löwen zu ruhelosem Wirken an. Der Löwe/Aszendent Zwillinge hat hohe Ideale und Pläne, deren Ausführung nur hier und da ins Stocken gerät, wenn ihm ein anderer Plan erstrebenswerter erscheint. Dieser Mischling unterm Sternenzelt reist viel in ferne Länder und bildet sich so weiter. Der ruhelose Mensch findet immer eine Tür, die ihm für eine große Karriere offengehalten wird. Manche bezweifeln, dass er privat treu sein kann. Diesen Zweiflern hält er entgegen, dass seine Treue nun einmal vor allem von seinem Partner abhängt.

Und damit sind wir schon bei den schief gestellten planetarischen Gegebenheiten, die manchem Löwen mit dem Aszendenten Zwillinge das Leben schwer machen können. Dieser Typ ist dann ein wenig oberflächlich und sucht im schnellen Erfolg sein Heil. Er plaudert für sein Leben gern selbst mit jenen Leuten, die nicht unbedingt sein Lied singen, über Geheimnisse, die er lieber für sich behalten sollte. Er wechselt im Privatleben oft den Partner. Glücklich wird er dabei nicht oder erst nach einiger Zeit, wenn er reifer und klüger geworden ist.

Aszendent Krebs

Dieser Aszendent begabt den Löwen mit einem unglaublich guten Gedächtnis, mit dessen Hilfe er so manches hoch gesteckte Ziel erreichen wird. Der Löwe mit dem Aszendenten Krebs legt schon früh etwas auf die hohe Kante. Sein Sicherheitsstreben sorgt dafür, dass es seiner Familie immer gut geht. Im Privatleben ist er ein Romantiker, der mit viel Fantasie Erstrebenswertes aufspürt. Im Berufsleben wird er auf jeden Fall seinen Weg machen, auch wenn sein Wahlspruch „Eile mit Weile" lautet.

Auf der anderen Seite kennt man ebenso jenen von schlechten Konstellationen erschütterten Löwen/Aszendent Krebs, bei dem sich zwar immer der Löwenmut durchsetzen wird, dem aber immer wieder krebstypische Stimmungsschwankungen zu schaffen machen. Leider ist dieser Mischtyp fast nur streng mit anderen, packt aber sein eigenes Ich lieber in Watte. Das schafft ihm im zwischenmenschlichen Bereich nicht unbedingt Freunde.

Die blitzgescheite Jungfrau

Dass das Jungfrau-Zeichen (24. August bis 23. September) von den Astrologen als weiblich deklariert wurde, liegt eigentlich auf der Hand. Aber wer nun erwarten würde, die Menschen, die in diesem Tierkreiszeichen geboren wurden, hielten sich ständig bedeckt, wird sich täuschen. Jungfrau-Typen sind blitzgescheite Leute, die manchen Konkurrenten in die Tasche stecken, ohne dass er weiß, wie er hineingekommen ist.

Das Erdzeichen Jungfrau gibt den darin Geborenen viel Realitätssinn mit auf den Lebensweg. Sie versuchen ständig, sachlich zu argumentieren, behalten dabei jedoch im Auge, möglichen Gegnern eins auszuwischen. Ihr phlegmatisches Temperament ist oft nur gespielt. Das Gleiche gilt, wenn sie mal poltern. In Wirklichkeit sind die meisten Jungfrau-Menschen die Ruhe selbst. Sie können gegebenenfalls abwarten, bis jemand einen Fehler macht, und dann zuschlagen.

Schutzpatron des Jungfrau-Zeichens ist der Planet Merkur. Darauf deutet wie bei den Zwillingen der geschliffene Verstand ebenso hin wie eine fast triebhafte Bindung ans Materielle. Das drückt sich bei manchen Jungfrau-Menschen in übertriebener Sparsamkeit aus, bei anderen in dem Bestreben, durch sinnvolle Anlagen das eigene Vermögen zu mehren.

Jedes Staubkorn, das sie finden, kann sie verärgern. Und Ärger schlägt ihnen ebenso wie den Krebs-Menschen auf den Magen. Sie reagieren zwar in aller Öffentlichkeit meist ruhig und zurückhaltend, können aber nervöse Spannungen nicht vermeiden, die echte Krankheitszustände hervorrufen.

Es gibt auch Jungfrauen, die gleich lospoltern, wenn sie angegriffen werden. Ihr Verstand sagt ihnen, dass der sofortige

Gegenangriff das beste Mittel ist, einen Gegner zu schocken. Sie können sich derart aufregen, dass sie in der Wahl ihrer Mittel nicht unbedingt fein sind. Und jetzt wissen wir, warum den Jungfrauen manchmal Gefühlskälte zugeschrieben wird.

Persönliche Interessen verfechten diese Schützlinge des Merkurs mit Vehemenz. Sie lernen schnell und versuchen, gute Argumente für sich zu kopieren. Sie können hervorragend analysieren und danach systematisch vorgehen. Dabei sind sie von einer geradezu pingeligen Genauigkeit. Das alles bringt sie auch im Berufsleben nach vorn. Sie können planen und kalkulieren, ihre Kritiklust macht vor keinem Kollegen Halt, weshalb sie nicht nur Freunde haben.

Als Buch- und Steuerprüfer sind sie hervorragend. Im Staatsdienst gelangen sie in hohe Stellungen, wobei besonders das Finanzwesen von ihrem wachen Sachverstand profitiert. Als Pädagogen vermögen sie ihren Schülern selbst schwierigen Unterrichtsstoff verständlich zu vermitteln (ein Jungfrau-Mensch war gewiss das Urbild des Paukers). In der Psychologie kommt ihnen ihre große Menschenkenntnis und in den „schreibenden" Berufen die kritische Ader zugute. Als Politiker urteilen sie mit Sachverstand. Manchmal verstehen sie es auch, die Menschen mit Demagogie an sich zu binden.

In freien Berufen sind – wenn man den Statistiken glauben darf – übrigens wenige Jungfrau-Menschen anzutreffen, was wohl daher rührt, dass ihnen die Sicherheit einer festen Anstellung lieber ist, auch wenn sie einsehen, dass mit Risikobereitschaft sehr viel mehr zu gewinnen wäre. Trotzdem bringt es fast jeder aus dem Merkurzeichen irgendwann einmal zu Immobilien oder anderen festen Werten. Dabei bauen sie aber weniger auf Glücksspielereien, sondern eher auf ihr todsicheres Gespür in finanziellen Dingen.

Wenn auch manches, was hier über die Berufsmöglichkeiten von Jungfrau-Menschen gesagt wurde, eher auf männliche Jungfrauen zutrifft als auf weibliche, so ist die Grundtendenz doch meistens übereinstimmend. Darüber hinaus können die

Frauen dieses Zeichens in allen Berufen, die Ausdauer und Geduld verlangen, etwas werden. Dabei üben sie vor allem solche Tätigkeiten aus, die im sozialen und pflegerischen Bereich liegen und die sie auch dann noch ausüben wollen, wenn sie längst unter der Haube sind.

Daraus ersieht man, dass Sex für eine Jungfrau nicht das Wichtigste auf der Welt ist, weshalb sie von manchem Herrn der Schöpfung für prüde gehalten wird. Wenn er sie einmal näher kennen lernen würde, müsste er allerdings eingestehen, dass sie auch sehr leidenschaftlich sein kann. Ihr freundliches Wesen bezirzt jeden Mann, aber sie legt es nicht unbedingt darauf an. Oft ist sie intelligenter als ihr Verehrer, den sie zu lieben beginnt. Sie wird es ihm aber nicht zeigen wollen und darum vielfach den einfachsten Weg gehen. Das kann mancher als Hörigkeit auslegen, was eigentlich nur für das Taktgefühl einer liebenden Jungfrau spricht. Ist der Partner genauso gescheit wie sie, kommt es sicher häufiger zu ausdauernden Streitgesprächen.

In der Ehe hält die Frau aus dem Jungfrau-Zeichen auf Hygiene. Sie mag ihre Kinder als blitzsaubere Püppchen und schätzt es auch, wenn ihr Mann gut angezogen ist.

Treu wie Gold ist der Jungfrau-Mann, wenn er verheiratet ist. Aber die meisten aus diesem Erdzeichen lassen sich die zarte Fessel erst sehr spät anlegen. Sie mögen das Junggesellen-Leben mit seinen zahlreichen Möglichkeiten, mal hier und mal dort an den Knospen zu knabbern, die sich am Wegrand zu voller Schönheit entfalten. Manch einer hat da ein festes Verhältnis und nebenbei ein weiteres.

In der Ehe aber ist der Jungfrau-Typ ganz anders. Zwar macht er seiner Frau durch manche kritische Randbemerkung das Leben schwer, er sieht ihr jedoch auch nach, was andere Männer zur Weißglut treiben würde. In der Liebe fehlen ihm die großen Worte, aber er praktiziert sie auf so rührende Weise, dass seine Partnerin ihn einfach lieben muss. Seinen Kindern ist er im Rahmen seiner Möglichkeiten und bei aller Sparsamkeit ein überaus großzügiger Vater.

Die Aszendenten des Jungfrau-Zeichens

Auch auf das Jungfrau-Zeichen strahlen die Aszendenten Kräfte aus, die sich mit den Aussagen des Sonnenstandshoroskops nicht immer decken, sondern mehr oder weniger stark auf den Charakter des Jungfrau-Menschen einwirken. Und das sind die aufsteigenden Zeichen, die sich in der Minute der Geburt mit dem Tierkreiszeichen Jungfrau vermischen:

Aszendent Jungfrau

Er verstärkt alles, was Sie oben über die Jungfrau-Geborenen gelesen haben, im positiven wie leider auch im negativen Sinn. Die Jungfrau mit dem Aszendenten Jungfrau ist sehr zurückhaltend und beobachtet lieber aus sicherer Entfernung, als sich mit den geschaffenen Tatsachen gleich zu identifizieren. Sie ist gebildet und hat gute Umgangsformen. Diese doppelte Jungfrau kann vor allem im zwischenmenschlichen Bereich große Erfolge erzielen, nur bindet sie sich nicht allzu schnell.

Menschen aus dem Jungfrau-Zeichen mit einer nicht unbedingt guten Konstellation im Horoskop sind gegenüber ihren Mitmenschen, auch wenn diese es gar nicht verdient haben, voreingenommen. Diese Jungfrauen mit dem Aszendenten Jungfrau sind im Allgemeinen recht misstrauisch, selbst dann, wenn sie vorgeben, jemanden zu lieben. Sie sind Pedanten, die sich das Leben manchmal selber schwer machen.

Aszendent Waage

Er bereichert die Jungfrau um Kunstverstand. Die Tatkraft bei diesem Mischtypen ist jedoch stark geschwächt. Die Jungfrau/ Aszendent Waage ist – wenn ihre Sterne günstig stehen – überaus gutmütig und feinfühlig, was ihr besonders im Privatleben viele Freunde einbringt. Sie ist meistens hoch begabt und wird selbst bei widrigen Einflüssen ihren Weg machen, wobei kritische

Astrologen ihr das erst nach dem vierzigsten Lebensjahr zutrauen. Auf jeden Fall ist sie ein allzeit zuverlässiger, freilich nicht sehr leidenschaftlicher Partner.

Leider kann sich die Jungfrau mit dem Aszendenten Waage bei widrigen Gestirnsstellungen im Lebenskampf trotz vieler Begabungen nicht so recht durchsetzen. In diesem Fall sind manche Hindernisse vor ihr aufgebaut, die sie kaum überspringen kann. Und in Liebe und Partnerschaft hat sie große Hemmungen.

Aszendent Skorpion

Dieser Aszendent gesellt zum geistig Brillanten der Jungfrau das Kämpferische. Das bewirkt, dass sich die Jungfrau mit dem Aszendenten Skorpion in jeder Lebenslage durchsetzt – auch in der Liebe. Dieser Typ ist äußerst leidenschaftlich. In der Regel ist er zuvorkommend und kann den passenden Partner glücklich machen.

Natürlich gibt es auch die negative Seite mancher Jungfrau mit dem Aszendenten Skorpion: Sie legt es darauf an, ihre überragenden Geistesgaben dazu zu verwenden, andere zu demütigen. Dieser Mischtyp ist ein eiskalter Rechner, wenn er einen Vorteil für sich sieht. Wer sich ihm entgegenstellt, den wird er bis zum Letzten bekämpfen. Er erwartet von seinen Mitmenschen oft die totale Unterordnung unter sein Kommando. Ob das in einer staatlich sanktionierten Partnerschaft das Richtige ist, wird die Zeit erweisen.

Aszendent Schütze

Er sorgt für viel Temperament im sonst doch nüchternen Jungfrau-Zeichen. Er lässt den Merkur-Schützling auf Reisen gehen, um sich weiterzubilden. Die Jungfrau mit dem Aszendenten Schütze macht mehr von sich her und ist finanziell großzügiger als andere Jungfrau-Mischlinge. Sie will sich ein fröhliches Dasein verschaffen und lässt darum gern einmal fünf gerade sein.

Die Jungfrau-Typen in diesem Mischzeichen mit einem ungünstigeren Aspekt im Horoskop lassen es oft an ausreichendem Taktgefühl fehlen. Sie lieben nicht nur im privaten Bereich die Abwechslung und bleiben am liebsten ein ganzes Leben lang Single. In späteren Jahren gesellt sich – atypisch für sonstige Jungfrau-Mischlinge – einiger Leichtsinn dazu. Es wird ihnen auch ein unsteter Charakter nachgesagt.

Aszendent Steinbock

Der Aszendent Steinbock macht die Jungfrau noch ehrgeiziger, bringt jedoch in späteren Jahren eine soziale Komponente ins Spiel. Dieser Mischtyp ist bestrebt, durch hohe Arbeitsleistung Reichtum und Wohlstand zu erlangen. Wenn er das erreicht hat, hilft er gern selbstlos den vom Erfolg weniger Begünstigten mit Rat und Tat. Die Jungfrau mit dem Aszendenten Steinbock ist manchmal hart zu ihren Mitmenschen, aber genauso hart zu sich selbst. Wenn sie das Glück hat, einen geeigneten Partner gefunden zu haben, geht sie mit ihm durch dick und dünn, hat aber oftmals nicht genügend Zeit für ihn und die Familie, weil sie ja arbeiten muss, um den Wohlstand zu sichern.

Auch hier gibt es die durch eine ungünstige Konstellation geschädigten Jungfrauen mit dem Aszendenten Steinbock. Sie haben meistens wegen Arbeitsüberlastung wenig Zeit, sich nach einem geeigneten Partner umzusehen. Das lässt bei ihnen manchmal das Gefühl psychischer Leere entstehen und fördert dann depressive Stimmungen. Sehr glücklich kann dieser Sternenmischling kaum werden. Und am Ende wird auch seine überragende Arbeitskraft geschwächt. Oft kapselt er sich dann von seinen Mitmenschen ab und wird schließlich ein rechter Sonderling.

Aszendent Wassermann

Er verleiht den Jungfrauen etwas mehr „Pfeffer". Er sorgt für Temperament und treibt die Neugier der Jungfrauen auf die

Spitze. Mit großem Weitblick und noch größerem Instinkt kann die Jungfrau/Aszendent Wassermann manchmal sogar Zukünftiges vorausahnen. Sie glaubt fest an Wunder, die noch gar nicht geschehen sind. Meist geht der Wunderglaube auch in Erfüllung. Im Berufsleben setzt dieser Typ sich durch und hat vielfältige Erfolgsaussichten. Gerade dieser Sternenmischling erreicht häufig die Chefetage, von wo aus er für seine Mitarbeiter den Gönner spielen kann. Um das andere Geschlecht bemüht er sich – ob Frau oder Mann – draufgängerisch, liebt aber in jungen Jahren die Abwechslung. Das gibt sich dann jedoch mit zunehmendem Alter.

Bei den weniger gut bestrahlten Jungfrauen mit dem Aszendenten Wassermann wendet sich das Blatt ins Negative. Sie gehen im Beruf rücksichtslos vor, um an die Spitze zu gelangen, was ihnen aber nicht immer gelingt. Sie sind Egoisten, die mit den Ellbogen eventuelle Konkurrenten aus dem Weg schubsen werden. Wenn diese Jungfrau-Geborenen ihr Ziel nicht erreichen können, werden sie Mittel anwenden wollen, die nicht die feine Art ihrer Urheber zeigen. Im privaten Bereich haben sie weniger Erfolg, wenn ihr Partner aus einem ähnlich gelagerten Zeichen stammt. Entweder kommt es dann zum ständigen Kampf um die Macht in der Verbindung oder zur Trennung.

Aszendent Fische

Er verstärkt das praktische Talent der Jungfrau. Da wird gebastelt und gewerkelt, dass es eine Freude ist. Die Jungfrau mit dem Aszendenten Fische sorgt sich um Heim und Familie und wünscht sich Harmonie im ganzen Leben. Im Arbeitsleben erreicht sie zwar nicht immer, was sie sich in ihren kühnsten Träumen erhofft und wozu sie aufgrund ihrer hohen Kompetenz auch befähigt wäre. Es macht ihr aber nichts weiter aus, weil sie das Glück im Kleinen auch zu schätzen weiß. Hauptsache, sie versteht sich gut mit den Kollegen!

Leider fehlt den von widrigen Planetenständen heimgesuchten Jungfrauen mit dem Aszendenten Fische, die an sich sehr mitfühlende Menschen sind, manchmal die Durchsetzungskraft. Sie sind oftmals zu bequem, um ihren Willen in die Tat umzusetzen. Diesen Sternenmischlingen steht möglicherweise auch ihre allzu große Grundsatztreue im Weg. Sie neigen daher zu übereiltem Handeln und mögen sich deshalb selber nicht leiden. Frauen dieser Mixtur verwenden manchmal falsche Tränen, um sich durchzusetzen, Männer schwindeln hier und da das Blaue vom Himmel herunter, um anderen überlegen zu sein. Von Treue kann man bei beiden nicht unbedingt sprechen.

Aszendent Widder

Der Aszendent Widder mindert übergroße Hemmungen im Jungfrau-Zeichen. Er bringt sehr viel mehr Leidenschaft ins Spiel und lässt den kritischen Zweifler geradliniger, aber auch ungeduldiger auf ein ersehntes Ziel zusteuern. Die Jungfrau mit dem Aszendenten Widder bricht leicht Widerstände im Berufsleben, weil sie geistig mehr zu bieten hat als die meisten ihrer Kollegen. In der Liebe strebt dieser Mischtyp recht energisch und charmant auf sein Ziel zu und wird den Partner davon überzeugen, dass er der Beste von allen ist. Klappt's mal nicht so wie gewünscht, macht er sich nichts draus: Es gibt ja noch andere Ziele, die man ansteuern kann.

Planetarische Störungen zeichnen die andere Jungfrau mit Aszendent Widder, die ihre inneren Bedürfnisse nie voll ausleben kann, weil die vernünftige Jungfrau oft allzu heftige Widder-Reaktionen abbremst. Manchmal schreckt dieser etwas negativ denkende Mischtyp vor der eigenen Lebhaftigkeit zurück. Er ist im zwischenmenschlichen Bereich scheu und überlässt auch im Beruf Durchsetzungsstärkeren das Feld. Oftmals kann diese Jungfrau mit dem Aszendenten Widder auch blindwütig herumtoben und das schönste Porzellan ohne Rücksicht auf Verluste zerschlagen, und das wird selbst die vergraulen, die diesen Sternenmischling eigentlich fördern wollten. Im Privatleben gibt es bei ihm oft grundlos Streit.

Aszendent Stier

Er stärkt das Verlangen der Jungfrau nach sozialer Besserstellung. Die Sparsamkeit ist mit einer im Jungfrau-Zeichen eher seltenen Genussfreude kombiniert. Auch die Kritiksucht der Jungfrau wird vom Stier etwas zurückgenommen. Ansonsten sagt diese Jungfrau gern offen und ehrlich ihre Meinung. Sie stellt dann immer wieder fest, dass sie damit bei empfindsameren Zeitgenossen häufiger aneckt, als ihr lieb ist. Dieser Mischtyp wird allerdings in einer intimen Bindung den richtigen Partner finden, weil er die Gleichberechtigung über alles schätzt. Die hohe Intelligenz ist hier mit einer melancholischen Einstellung zum Leben gepaart. Dieser astrologische Mischling ist sehr liebebedürftig.

Die Kehrseite der Medaille kann man ahnen: Bei planetarischen Störungen im Horoskop fallen bei der Jungfrau/Aszendent Stier der Eigensinn und die fehlende Geradlinigkeit im Charakter auf. Dieser Mensch nörgelt an allem herum, was andere für richtig halten. Er bricht wie aus heiterem Himmel einen Streit vom Zaun und lässt nicht locker, bis sich der kleinste Anlass zu einem mittelgroßen Brandherd entwickelt. So durchsetzungskräftig dieser negativ geschilderte Typ auch ist, so wird sein Einsatz am Ende doch in die falsche Richtung verlaufen. Und das ist nicht nur im Beruf, sondern auch privat vielfach der Fall.

Aszendent Zwillinge

Der Aszendent Zwillinge spornt die Jungfrau zu Höchstleistungen an. Die Jungfrau/Aszendent Zwillinge leistet viel, wobei ihr der beiderseitige Pate Merkur doppelt scharfen Verstand verleiht. Die Pünktlichkeit der Jungfrau setzt sich gegenüber dem etwas nachlässigen Zwillinge-Wesen durch, das ja des Öfteren lieber auf mehreren Hochzeiten gleichzeitig tanzen möchte. Mit großem Sachverstand steuert dieser Mensch hohe Ziele im Berufsleben an, und er ist in den zwischenmenschlichen Beziehungen besonders liebenswert.

Von nicht allzu guter Konstitution sind die Jungfrauen/ Aszendent Zwillinge, denen eine schlechte Konstellation den Weg versperrt. Bei diesen Typen beeinträchtigt leider der ständige Stress bei der Arbeit die Gesundheit. Diese anfälligen Sternenmischlinge klagen ein um das andere Mal, wie sehr sie doch leiden müssen, und wollen bedauert werden. Sie brauchen als Lebenspartner jemanden, der viel Gefühl auch für eventuelle Hypochonder aufbringen kann.

Aszendent Krebs

Er engt den Tatendrang der Jungfrau stärker auf die eigenen vier Wände ein, in denen sie gern Besuch empfängt. Die Jungfrau/ Aszendent Krebs ist hoch begabt. Sie hat viele Freundinnen und Freunde, mit denen sie gern diskutiert. Durch die Liebe ihres Partners blüht sie auf. Die Jungfrau mit dem Aszendenten Krebs ist romantisch veranlagt, hat jedoch nichts dagegen, wenn bei ihr auch die Kasse stimmt.

Sie reagiert allerdings, falls ein schief gestellter Planet die Ekliptik kreuzt, oft kleinlich und nörgelt gern an ihren Mitmenschen herum. Leider wird dieser Sternenmischling hier und da auch von Minderwertigkeitskomplexen geplagt, die vor allem im zwischenmenschlichen Bereich einigen Schaden anrichten können.

Aszendent Löwe

Dieser Aszendent schenkt der Jungfrau Selbstsicherheit. Man wird ihr so leicht nichts vormachen können. Ihr Durchsetzungsvermögen ist enorm. Die Jungfrau mit dem Aszendenten Löwe ist im Allgemeinen großzügig und findet sich in der Gesellschaft hervorragend zurecht. Aber sie will auch bewundert werden. Man tue ihr den Gefallen, denn dann ist sie weich und anschmiegsam. Frauen wie Männer dieses Mischzeichens finden immer jemanden, mit dem sie schmusen können.

Überheblicher ist der Typ der Jungfrau mit dem Aszendenten Löwe, der zur Geburtszeit von planetarischen Störungen heimgesucht wurde. In den intimen Beziehungen entwickelt sich dieser Mischtyp zum rechten Egoisten. Er wird nur denjenigen Hilfestellung geben, von denen er eine Gegenleistung erwarten darf. Der eigene Standpunkt ist für ihn äußerst wichtig, und er beharrt auch dann noch auf ihm, wenn er längst eingesehen hat, dass er mit seiner Meinung falsch lag. Wer an ihrem Image kratzt, sollte sich auf jeden Fall vor dieser Jungfrau mit dem Aszendenten Löwe hüten. Sie weiß stets, wo man einen Gegner am empfindlichsten treffen kann.

Die pendelnde Waage

So wie die beiden Schalen einer Waage hin- und herpendeln, so nimmt sich auch oft der Charakter derer aus, die im gleichnamigen Tierkreiszeichen (24. September bis 23. Oktober) geboren wurden. Stets sind sie bemüht, den Ausgleich zu schaffen, aber häufig senken sich die Schalen ihrer Schicksalswaage mal nach der einen, mal nach der anderen Seite. Es handelt sich nach alter Überlieferung um ein männliches Zeichen, in dem aktiv und mit gutem Willen und wachem Geist gewirkt wird. Leider steht dem etwas Unbeständiges entgegen, das gut Gemeintes möglicherweise ins Gegenteil verkehrt.

Das Element dieses Zeichens ist die Luft. Es umschreibt die Leichtigkeit, mit der Waage-Menschen an die Dinge herangehen, die sie überlegen planen. Ihr sanguinisches Temperament führt sie immer wieder zur Einsicht, wenn sie einmal etwas falsch gemacht haben. Auf der anderen Seite haben sie ein egozentrisches Wesen, das sie trotz ihres Gerechtigkeitssinns allzu subjektiv und ichbezogen entscheiden lässt.

In seinem Nachthaus ist der Planet Venus der Schutzpatron des Zeichens. Er sorgt bei den Waage-Menschen für modischen Geschmack, für ein zuvorkommendes Wesen und das Streben nach Harmonie in allen Lebenslagen, jedoch hier und da auch für etwas oberflächliche Ansichten und wenig tiefschürfende Gedanken.

Im Waage-Zeichen will man seine Ruhe haben. Streit macht die darin Geborenen krank, wobei Ärger zu Steinbildungen führen kann, wie überhaupt die Nieren und die Harnwege der schwächste Punkt ihrer Konstitution sind.

Waage-Menschen können sich anpassen, schaffen sich schnell gute Verbindungen und bringen mit ihrem Schönheitssinn und mit viel Feingefühl eine pikante Note ins Zusammenleben, was ihnen auch beim beruflichen Fortkommen weiterhilft. Ihr Gerechtigkeitssinn führt manche von ihnen in juristische Berufe, weil sie die Fähigkeit haben, Frieden zu stiften. Sie haben eine ausgesprochen diplomatische Ader, die sie im Staatsdienst in hohe Stellungen katapultieren könnte. Alle künstlerischen Berufe sind übersät mit Waage-Menschen. Ihr Erzähltalent lässt sie ebenso in der schreibenden Zunft einiges erreichen.

Viele sind handwerklich begabt oder werden in allen Berufen Furore machen, in denen ihre verbindliche Art auf Kundenfang gehen kann. Sie sind gute Chefs, die nur ein altes Waage-Übel nicht verbergen werden: Sie können schlecht zuhören und zögern meist lange, wenn sie sich entscheiden sollen.

Viele weibliche Waage-Geborene drängen zur Mode, haben tänzerische und schauspielerische Begabung. Sie finden sich auch in juristischen Berufen und in kaufmännischen Bereichen zurecht. Für die meisten von ihnen ist freilich eine Heirat nicht ausgeschlossen, sodass sie mit ihrem anschmiegsamen Wesen noch vor Beginn einer großen Karriere gleich in die Ehe weg „engagiert" werden können.

Alle Waage-Menschen gehen in jungen Jahren etwas leichtsinnig mit ihrem Geld um. Sie wollen stets gut gekleidet sein und ihr Heim mit einem Luxus ausstatten, dem der Geldbeutel nicht standhält. Später kommen sie dann zu der Einsicht, dass man nur so viel ausgeben kann, wie man hat. Erst dann ist bei ihnen auch mal ein gewisser Geiz im Spiel.

Die Venus-Schützlinge treten meist sehr gewandt auf, haben ein gutes Benehmen und jene Eleganz, die aus Kleidern Leute macht. Sie haben viele Freunde, aber ebenso viele Gegner, die ihnen Oberflächlichkeit und Unzuverlässigkeit vorwerfen, wobei sie bis zu einem gewissen Grade Recht haben.

Mit Optimismus und der ihm eigenen Lebens- und Genussfreude wandelt der Waage-Mann schon früh auf Freiersfüßen. Mit charmanter Herzlichkeit und fröhlicher Unbekümmertheit überzeugt er seine Freundinnen von sich und seiner Zärtlichkeit.

Manch eine, die allzu neugierig hinter die Fassade blickte, entdeckte dahinter auch mal den schöngeistigen Phrasenhelden, der eigentlich nur sein Ego in den Vordergrund rückt. Hier wird dem Waage-Mann Unrecht getan: Seine Schwüre von Liebe und Treue sind echt! Sie sind nur austauschbar, wenn sich durch irgendwelche Umstände heiße Liebe nur als Liaison erwies. Das heißt: Der Waage-Mann trauert einer Verflossenen nie lange nach. In der Ehe ist er treu, könnte aber bei einer streitlustigen Gattin leicht ausflippen. Denn Zwistigkeiten sind ihm nun mal ein Gräuel.

Sehr teuer könnte eine Waage-Frau werden, wenn sie nicht zu den einsichtsvollen Menschenkindern gehören würde, die auch mal mit weniger zufrieden sind. Die Frau aus dem Venus-Zeichen ist so schick und beschwingt, dass sie genug Verehrer findet und sich aus der reichen Auswahl leicht etwas Passendes aussuchen könnte. Sie empfindet jedoch leidenschaftlich, und möglicherweise fällt die Liebe bei ihr ausgerechnet auf jemanden, der ihr nicht alles bieten kann, was ihr Herz begehrt. Sie ist vernünftig genug, in solchem Fall weiter ihren Beruf auszuüben. Viel lieber wäre sie freilich die große Dame eines komfortablen Hauses, in dem sie auf Gesellschaften glänzen und mit ihrem Charme Bekannte und Freunde berücken könnte.

Wer dieses heitere Wesen in der Ehe vernachlässigt, wird sicher bald die Quittung bekommen. Gerade bei den Waage-Frauen erreicht die Scheidungsstatistik fast ebenso hohe Spitzenwerte wie bei den Zwillinge-Damen, die ebenfalls einem Luftzeichen angehören.

Die Aszendenten des Waage-Zeichens

Das Charakterbild eines Waage-Menschen wird nicht nur durch das bestimmt, was wir über sein Sternbild, in dem er geboren wurde, gerade festgestellt haben. Oft mischt ein weiteres Zeichen mit, das in der Geburtsminute am östlichen Himmel gerade aufging. Lesen Sie also im Folgenden über die Aszendenten in der Waage und wie sie sich im positiven, aber auch negativen Fall durchsetzen:

Aszendent Waage

Dieser Aszendent verstärkt im gleichen Zeichen das Streben nach Harmonie und Gerechtigkeit in allen Lebensbereichen. Die doppelte Waage sucht den Beifall der Menge, den sie in den meisten Fällen auch verdient hat. Die Waage mit dem Aszendenten Waage hat beste Umgangsformen, ist anlehnungsbedürftig und verliebt sich oft. Es macht ihr nichts aus, wenn am Ende nichts Festes daraus wird; denn es gibt ja so viele, mit denen es sich gut leben lässt. In der Liebe ist dieser Sternenmischling absolut treu, aber wenn man sich nicht mehr so recht versteht, kann er schnell die Seiten wechseln.

Wenn die Sterne bei ihrer Geburt nicht allzu günstig standen, haben Waage-Menschen mit dem Aszendenten Waage eine gewisse Abneigung gegen schwere, vor allem schmutzige Arbeit. Ihre Ansichten sind oft nicht fundiert. Im zwischenmenschlichen Bereich sind sie nicht immer treu.

Aszendent Skorpion

Er lässt die Waage manchmal unbeherrscht erscheinen. Der Waage mit dem Aszendenten Skorpion wird daher manches übel genommen. Aber sie ist gar nicht so, wie ihre Gegner manchmal behaupten. Dieser Sternenmischling hat eine positive Einstellung zum Leben.

Der Aszendent Skorpion fügt dem Waage-Charakter mehr Geduld hinzu. Auch dieser Mischtyp der Waage ist für Friedfertigkeit und Harmonie in allen Lebensbereichen, jedoch sollte sich nur ein Partner mit ihm verbünden, der auch Verständnis für seine Schattenseiten aufbringt.

Bei allzu schlechten Konstellationen im Horoskop schockiert die Waage mit dem Aszendenten Skorpion ihre Umwelt ausgerechnet mit ihrer allzu großen Wahrheitsliebe. Ihre freizügige Offenheit und ebenso ihre Taktlosigkeit wird ihr in vielen Fällen übel genommen, auch wenn sie es in Wirklichkeit gar nicht so böse meint.

Aszendent Schütze

Dieser Aszendent macht einen Waage-Menschen besonders sympathisch. Die höfliche Zuvorkommenheit verschafft der Waage mit dem Aszendenten Schütze Gönner, die ihr den Weg ebnen. Trägheit lässt dieser Aszendent nicht zu. Auf Reisen lernt der Mischtyp Menschen kennen, die sein Lied singen werden. Im Privatleben kann er sich aber nur schwer für den richtigen Partner entscheiden, weshalb er oftmals erst im reifen Alter das Glück beim Schopf packen kann. Frühzeitige Bindungen werden bei diesem Mischzeichen nur dann eingegangen, wenn man sich sicher ist, dass sie ein Leben lang halten werden.

Bei nicht allzu guten Gestirnsstellungen deutet sich eine starke Ichbezogenheit beim Waage-Menschen mit dem Aszendenten Schütze an. Er versucht, gleich alle Möglichkeiten im Beruf auszuschöpfen, die sich ihm bieten. Das übersteigt meistens seine Arbeitskraft und macht ihn oft passiv. Leichtsinn schleicht sich ein und wird nicht unbedingt dazu beitragen, dass sich der Sternenmischling durchsetzen wird. Im Privatleben ist Treue nicht immer seine Sache.

Aszendent Steinbock

Er verhilft der Waage dazu, das Leben ernst zu nehmen. Auf einmal kann der Venusschützling im Beruf kühl planen und seine Wünsche nicht nur ins Spiel bringen, sondern auch durchsetzen. Durch harte Arbeit wird sich die Waage mit dem Aszendenten Steinbock ein Vermögen sichern, mit dem sie sogar im Alter durch große Freigebigkeit glänzen kann. Leider taktiert sie in ihren zwischenmenschlichen Beziehungen oft zu nüchtern. Wenn die Waage/Aszendent Steinbock jedoch den richtigen Partner gefunden zu haben glaubt, hält sie treu an ihm fest.

Bei ungünstigen planetarischen Bedingungen mischt sich Lebensangst ins sonst so positive Bild. Dann kapselt dieser Waage-Mischtyp sich ab. Er ist jedem gegenüber misstrauisch und sieht möglicherweise in ihm einen Feind, den es zu bekämpfen gilt. Das macht ihn nicht gerade zum besten Partner.

Aszendent Wassermann

Der Aszendent Wassermann fördert die Opferbereitschaft der Waage, ihre Menschlichkeit und Güte. Solch hilfsbereite Menschen werden natürlich viele Freunde und noch mehr Gönner finden, die dafür sorgen, dass die Waage/Aszendent Wassermann auf der Sonnenseite des Lebens stehen wird. Im Beruf wird dieser Mensch bis an die Spitze vordringen, wenn er nicht unterwegs durch missgünstige Kollegen daran gehindert wird. Im Allgemeinen aber ist ihm der Erfolg sicher. In der Liebe versucht er manches, kann sich jedoch nicht immer schnell entscheiden.

Der Waage-Mensch mit dem Aszendenten Wassermann wird, selbst wenn die Sterne schlechter stehen, den Kampf mit dem Schicksal aufnehmen und zu passablen Ergebnissen kommen. Aber immer wieder werden Hindernisse vor ihm aufgebaut. Er wird mit Vehemenz dagegen anrennen und manchmal erst später merken, dass man eine Blockade auch klug umgehen kann. Das dauert ihm nur manchmal zu lange. Dieser Typ fällt zu seinem Nachteil im Privatleben oft durch vorschnelles Handeln herein.

Aszendent Fische

Er unterstützt mit viel Gefühl das stetige Streben der Waage nach Harmonie. Er verleiht ihr auch Redetalent, mit dem sie zu überzeugen weiß. Die Waage mit dem Aszendenten Fische hat fast immer blendende Ideen, die ihr im Beruf sehr nützlich sein können. Bei entsprechender guter Stellung der Gestirne bringt sie es sehr weit, wobei sich zum eigenen Können viel Fantasie gesellt. In der Liebe ist dieser astrologische Mischtyp treu und anhänglich. Allerdings braucht er den richtigen, vor allem einfühlsamen Partner. Seelische Anpassung in Ehe und Familie ist für ihn besonders wichtig.

Schon ein verkorkster Planeten-Aspekt kann das Bild des Waage-Menschen mit dem Aszendenten Fische allerdings ins Negative verkehren. Trotz seines überragenden Redetalents kann er in Debatten übers Ziel hinausschießen. Seine Ideen und Pläne werden leider nicht immer in die Realität umgesetzt, weil sich eventuell Denkfehler eingeschlichen haben. Das kostet diesen Mischtyp dann Nerven und schafft Launen, die sich im Privatleben auswirken. Ältere Waage-Menschen mit dem Aszendenten Fische werden nach so negativen Resultaten ihrer Arbeit bequem und setzen an den falschen Stellen Speck an.

Aszendent Widder

Er stärkt der Waage das Rückgrat. Das der Waage im Tierkreis konträre Zeichen setzt die Friedensliebe eher in Kampfgeist um. Der Waage-Mensch mit dem Aszendenten Widder schreitet recht forsch zur Tat. Das nützt ihm im Beruf. Er kann sogar trotz mancher Widersprüche Karriere machen. Kollegen schätzen ihn als guten Kumpel, bis sie erkennen, dass er mehr Erfolg hat als sie. Der Waage-Mensch / Aszendent Widder bemüht sich, im Privatleben ein treuer Partner zu sein. Das schätzen seine Lieben besonders an ihm. Sie sollten sich aber vor seiner oft grundlosen Eifersucht hüten, die bei ihm stets ein Teil seiner überschäumenden Liebe ist.

Für diesen astrologischen Mischtypen ist bei einigen nicht so guten Aspekten die Umwelt mit lauter bösartigen Leuten durchsetzt, die es auszuschalten gilt. Zur Not benutzt diese Waage-Widder-Mixtur zeitweise ihre Ellbogen, um den Weg in die obere Etage des Lebens frei zu machen. Dieser forsche Typ kennt kein Pardon, wenn sich ein Konkurrent im Machtkampf an ihm vorbeischlängeln will. Seine Streitlust ist bei Widersachern gefürchtet.

Aszendent Stier

Der Aszendent Stier verstärkt den Sinn der Waage für alles Schöne. Er lässt den ebenfalls von der Venus planetarisch Beeinflussten sich hartnäckig für seine Ideale einsetzen. Der Waage-Mensch mit dem Aszendenten Stier ist im Beruf ein guter Kollege, der sich um das Wohl der ganzen Belegschaft kümmert. Er ist nicht unbedingt zum Chef geboren, aber das macht ihm nichts aus, wenn er nur sein geregeltes Einkommen hat, das ihm vertraglich zugesichert wurde. Dieser sympathische Sternenmischling ist im Allgemeinen häuslich und sesshaft. Er kümmert sich rührend um seine Familie, aber auch um gute Freunde, die seine Hilfe erwarten dürfen, wenn sie einmal in Not geraten sollten.

Nicht ganz so positiv zu sehen ist jener andere Waage-Mensch mit dem Aszendenten Stier, der wegen einer schlechten Konstellation leicht beschädigt ist. Dieser Typ eckt oft durch seine starre Haltung an. Er macht sich selbst das Leben schwer, weshalb der daraus resultierende Konfliktstoff von Fall zu Fall seiner doch recht labilen Gesundheit mehr schadet, als ihm lieb ist. Er ist auch nicht immer der beste Kollege. Als Freund ist er wetterwendisch und wechselt gern mal die Front, wenn ihm die Freundschaft nicht mehr nützt.

Aszendent Zwillinge

Dieser Aszendent regt die Waage zu immer neuen Taten an. Er lässt sie stets fröhlich erscheinen. Die Waage mit dem Aszendenten Zwillinge schmiedet viele neue Pläne und setzt sie in die Tat um. Sie redet wie ein sprudelnder Wasserfall, aber was sie sagt, hat Hand und Fuß. So wird sie wohl Karriere machen, auf jeden Fall jedoch ihr Berufziel erreichen, vor ihren zahlreichen Konkurrenten zu stehen. Es lacht diesem astrologischen Mischling das Glück in der Liebe, auch wenn er nicht immer ganz treu ist. Er hat ein sonniges Gemüt und setzt sich gegen jeden Widersacher durch. Keiner kann ihm das Leben schwer machen. Trotzdem wird er privat nicht immer ans Ziel kommen. Aber das macht ihm nichts aus. Dann bleibt er eben Junggeselle.

Wenig seelischer Tiefgang wird den Waage-Menschen mit dem Aszendenten Zwillinge nachgesagt, wenn ein schiefer Planet oder ein anderes schlechter positioniertes Gestirn ihren astrologischen Weg kreuzt. Sie neigen dann oft wider alle Vernunft zu erhöhtem Eigensinn und zu einer Genusssucht, die bei ihnen Krankheiten hervorruft, die ärztlicher Hilfe bedürfen. Oft sind sie auch recht oberflächlich im Denken und Handeln. Statt mit Anstand zu reden, schwatzen sie lieber und versuchen damit bei ihren Mitmenschen Eindruck zu schinden. Im zwischenmenschlichen Bereich suchen sie flatterhaft das Glück an der Seite irgendeines Partners, der bei ihnen Eindruck schindet, aber des Öfteren nicht so recht zu ihnen passt. Hier wird der Waage ein negatives Zwillinge-Niveau nachgesagt, auf dem sie erst nach der dritten Hochzeit glücklich werden kann.

Aszendent Krebs

Er könnte dafür sorgen, dass die Verbindung mit dem Waage-Zeichen zur besten Mischung im Tierkreis würde. Die Waage-Menschen mit dem Aszendenten Krebs haben viel Gefühl und noch mehr Verständnis für ihre Mitmenschen. Die Nächstenliebe steht in ihrem Leben an erster Stelle. Wer solch einen Waage-Geborenen zum Partner hat, wird niemals im Stich gelassen. Er ist ehrgeizig und scheut keine Arbeit. Auf geistiger Ebene kann er viele seiner Mitmenschen in die Tasche stecken. Er findet deshalb einige Gönner, die ihm weiterhelfen werden.

Ungünstige Konstellationen können dieses angenehme Bild ins genaue Gegenteil verkehren. In diesem Fall schwächt der Aszendent Krebs die Willensstärke der ohnehin nicht sehr durchsetzungsfähigen Waage noch mehr und lässt sie gelegentlich unbeherrscht und launisch erscheinen. Im Beruf „krebst" der Waage-Typ mit dem Aszendenten Krebs manchmal in den unteren Regionen herum. Gesunder Ehrgeiz ist ihm dann fremd. Wichtige Entscheidungen zögert er bis zum Sankt-Nimmerleins-Tag hinaus. Er bringt es einfach nicht fertig, mit dem notwendigen Ernst bei der Sache zu bleiben. Das ist auch im Privatleben der Fall. Hier bremst eine schlecht eingestellte Waage den sonst so geduldigen Krebs aus und bewirkt Launen zur Unzeit. Und das stellt manchmal die guten Eigenschaften total auf den Kopf.

Aszendent Löwe

Der Aszendent Löwe betont auch im Zeichen Waage die Großzügigkeit. Dieser astrologische Mischling hat viele Freunde, die zu seinen Förderern werden könnten. Die Waage mit dem Aszendenten Löwe zeigt nach außen hin ein betont herrisches Wesen. Sie setzt sich damit im Berufsleben durch und erreicht Positionen, von denen andere Sternzeichen nur träumen. Sie ist sympathisch und weiß sich zu benehmen. Dieser charmante Mischtyp braucht die Konkurrenz anderer nicht zu fürchten. Auch im Intimleben wird er den passenden Partner finden. Aber er sucht lange danach, weil er stets treu bleiben will.

Ein einziger etwas schlechter gestellter Planet verschiebt dieses positive Bild eher ins Negative. Dann ist der Waage-Mensch mit dem Aszendenten Löwe recht hochmütig. Er betont immer wieder, dass er besser sei als alle, die mit ihm konkurrieren wollen. Viel Gefühl kann man diesem etwas verkorksten Typen nur nachsagen, wenn seine Partner sich ihm völlig unterordnen. Von Liebe redet er zwar stets, aber es ist durchaus möglich, dass andere Menschen sich etwas ganz anderes darunter vorstellen als dieser so überhebliche und von sich und seinen Fähigkeiten überzeugte Mensch.

Aszendent Jungfrau

Er sorgt bei der Waage für ein geregeltes Leben und für finanzielles Gespür. Die Waage mit dem Aszendenten Jungfrau kann gut mit Geld umgehen. Dieser astrologische Mischling ist sehr zurückhaltend. Er redet nicht viel und nimmt nur zu dem Stellung, worüber er Bescheid weiß. Er hat im Allgemeinen nur wenige Freunde; denn Freundschaft ist für ihn das höchste Gut, das man nicht an jeden Beliebigen verschenkt. Er ist ein verlässlicher Partner und ist bestrebt, für seine Lieben alles nur Mögliche zu tun. Meist entscheidet er sich jedoch erst sehr spät für eine Ehe.

Der Aszendent Jungfrau fördert bei der Waage Unentschlossenheit, wenn die Gestirne ungünstig einwirken. Auch übergroße Ordnungsliebe greift Platz – ein Gräuel für einen Waage-Menschen, der mehr zu Lässigkeit im ganzen Leben tendiert. Was macht's? Die Jungfrau wird sich mit pedantischer Genauigkeit durchsetzen und einen Mischtypen formen, der sich selbst manchmal nicht leiden kann. Der Waage-Mensch mit dem Aszendenten Jungfrau ist nicht allzu stabil. Er „feiert" gern krank. Und in zwischenmenschlichen Beziehungen ist er unentschlossen, oft bis ins hohe Alter.

Stachel in der Hinterhand: der Skorpion

Beim Skorpion-Zeichen (24. Oktober bis 22. November) ist oft von triebhaften Reaktionen und einer Energie die Rede, die Berge versetzen kann. Astrologisch gilt es als weibliches Zeichen, in dem man emotional überschwänglich reagiert und mit melancholischem Temperament seine Gefühle zum Ausdruck bringt.

Sein Element ist das Wasser, das jedem Skorpion-Menschen jene übersprudelnde Fröhlichkeit im Umgang mit seinen Mitmenschen verleiht, die ihm viele zu Freunden macht, bis sie den Stachel spüren, den jeder Skorpion-Geborene in der Hinterhand hält.

In diesem vom Mars beherrschten Zeichen liebt man den Kampf. Hier wirkt man eher aus dem Hintergrund und stößt todsicher daraus hervor, wenn der Gegner sich eine Blöße gibt. Jeder Skorpion-Mensch besteht eigensinnig auf seinem vermeintlichen Recht. Er ist so lange höflich und zuvorkommend, bis ihn jemand enttäuscht; derjenige wird irgendwann die Rache des Skorpions zu spüren bekommen. Mit anderen Worten: Die Mars-Schützlinge sind leider etwas nachtragend und können hassen wie niemand sonst im Tierkreis. Es ist jedoch gut möglich, dass sich bei gerechter und freundlicher Behandlung diese Untiefen in ihrer Seele niemals auftun werden.

Durch ihr ungestümes Wesen sind Skorpion-Menschen besonders verletzungsanfällig. Das beweisen viele Leistungssportler aus diesem Tierkreiszeichen. Auch die Unterleibsorgane sind gefährdet. Trotzdem gelten die im Marszeichen Geborenen, die übrigens den etwas düsteren Pluto als Paten haben, als recht widerstandsfähig. Leichter als bei anderen werden sich bei ihnen psychische Belastungen in physische Leiden verwandeln.

Sein Leben plant der Skorpion-Mensch vorzüglich. Er weiß, wie er ohne große Kraftanstrengung an sein Ziel gelangen kann: die eigene Sicherstellung durch ein auskömmliches Einkommen. Er besitzt viel Ehrgeiz, auch wenn er nicht immer gleich in die Schaltzentralen der Macht drängt. Verantwortung trägt er nur bedingt gern. Probleme löst er mit Sinn fürs Einfache. Er erkennt schnell die Schwächen eines Gegners und nutzt sie für sich aus. Mit Gedankenschärfe erfasst er oft unbewusst den Kern einer Sache, was ihn zum Beispiel zu einem wichtigen Mitglied eines Unternehmens prädestiniert.

Die Skorpion-Geborenen sind als Langsamstarter bekannt. Sie lassen sich Zeit und peilen den beruflichen Aufstieg zunächst erst als Fernziel an. Ihr aggressives und meist wenig diplomatisches Wesen verscherzt ihnen manches, weshalb lebenserfahrene Skorpione gern die Schweigsamen spielen, um nicht wieder einmal etwas falsch zu machen.

Überall in Berufen, die eine gewisse Härte verlangen, sind die Männer aus dem Marszeichen vertreten. Als Soldaten und Polizisten setzen sie sich durch, aber auch als Handwerker und Facharbeiter, bei denen viel Kraft, genauso jedoch zielgerichtete Genauigkeit vorausgesetzt werden. Man findet sie als Fachkräfte bei den neuen Medien und im wissenschaftlichen Bereich, wobei sie überdurchschnittlich häufig in den Bereichen Chemie und Physik anzutreffen sind. Bei vielen von ihnen kann man von hoher technischer Begabung sprechen, die sie entsprechende Berufe ergreifen lässt.

Alle Skorpione interessieren sich für das Geheimnisvolle, das hinter den Dingen steckt. Sie versuchen das Unbekannte zu erforschen. Einige neigen, mit Pluto im Bunde, zur Psychologie, andere zur Esoterik. Und sie vertreten die eigene Richtung mit Vehemenz.

Weibliche Skorpion-Geborene sind beweglicher als ihre Sternenbrüder. Sie haben keinen so absoluten Standpunkt, sondern versuchen ganz im Gegenteil eher einmal zu vermitteln. Oft erlernen sie Berufe, in denen viel Opferbereitschaft verlangt wird. In Krankenhäusern pflegen sie die Patienten mit resoluter Hingabe, wobei sie als Krankenschwester, Arzthelferinnen und Röntgenassistentinnen oder auch als Ärztinnen beschäftigt werden. Interessant ist, dass es besonders unter Hebammen viele Skorpione gibt. Skorpion-Frauen wollen Verantwortung tragen. Sie stehen in leitenden Stellungen in der Industrie, im Handel und in Behörden ihren „Mann".

Die Männer bezaubert die Skorpion-Frau mit ihrem Sexappeal. Niemand kann so tief in die Augen eines Fremden blicken wie sie. Ihre Gefühle sind immer ehrlich, und ihre Hingabe ist nie gespielt. Das ist es, was die Männer mögen und wobei die Skorpion-Frau ihre Erfahrungen sammelt. Trotz ihrer fast demütigen Haltung gegenüber einem Mann, den sie liebt, will sie ihn mit Haut und Haaren besitzen. Sie mag Partner, die ihr zumindest geistig gleichwertig sind, die aber alles tun, wozu sie ihre Zustimmung gibt. Emanzipation ist bei ihr kein Schlagwort – sie wird praktiziert! Sie ist eine Frau zum Herzeigen und in der Ehe absolut treu. Leider könnte sich Letzteres bei ständigem Fehlverhalten ihres Angetrauten ändern.

Wen der Skorpion-Mann einmal in seinen Fängen hält, den lässt er so leicht nicht los. Er überwacht ihn eifersüchtig und okkupiert die Frau, die er erobert hat, als seinen ureigenen Besitz. Sie wird es gut bei ihm haben, solange sie ihm, der sich manchmal wie ein Pascha gebärdet, die Treue hält. Ausflüge aus dem Eheleben sind – wenn überhaupt – nur dem Herrn Gemahl erlaubt! Diese Ausschließlichkeit zog schon unter manche Skorpion-Ehe den Schlussstrich. Am besten lebt es sich mit einem Mann aus dem Marszeichen zusammen, der bereits vor der Ehe seine Erfahrungen sammelte.

Jeder Skorpion muss sich im Laufe seines Lebens irgendwann einmal die Hörner abstoßen. Er braucht eine psychologisch einfühlsame Frau an seiner Seite, die ihn so nimmt, wie er wirklich ist: als einen Menschen mit kleinen Fehlern, aber mit einem

Liebesvermögen, das ebenso einmalig ist wie die Fürsorge, mit der ein Skorpion-Mann seine Familie umsorgt.

Die Aszendenten des Skorpion-Zeichens

Auch die im Tierkreis Skorpion geborenen Menschen haben ein zweites Zeichen, das ihnen mehr oder weniger stark seinen Stempel aufdrückt und ihre charakterlichen Merkmale verbessern oder verschlechtern kann. Und das sind die Aszendenten des Skorpions:

Aszendent Skorpion

Er strebt in seinem eigenen Zeichen nach absoluter Wahrheit. Aber dieser doppelte Skorpion ist im Allgemeinen trotzdem liebenswürdig und bleibt dem blutvollen Leben zugewandt. Unbewusst erfasst er schnell, was in schwierigen Fällen zu tun ist, und wertet diese Erkenntnis zukunftsträchtig aus. Mit zunehmendem Alter lernt er im rechten Moment zu schweigen und sich notfalls diplomatisch aus der Affäre zu ziehen. Die doppelten Skorpione sind – ob Frau oder Mann – von erotischen und sexuellen Leidenschaften geprägt, die sie aber vorzüglich beherrschen. Sie sind begehrte Partner von allen, die Gleiches zu bieten haben.

Die konträre Variante dieses an sich liebenswerten Menschen findet man bei schlechter Bestrahlung vor. Er fährt oftmals seinen Giftstachel aus und ist angriffslustig wie niemand sonst. Im Beruf wühlt er sich rasch ans strahlende Licht. Er entschließt sich schnell, vergisst aber im Übereifer die sonst stets geübte Vorsicht. Wenn ihn jemand auf diesen Umstand aufmerksam macht, reagiert er jähzornig. Auch dieser Skorpion mit dem Aszendenten Skorpion strebt fanatisch nach absoluter Wahrheit, was seine Umwelt nicht immer positiv aufnimmt.

Aszendent Schütze

Er macht den Skorpion freier im Umgang mit seinen Mitmenschen. Der Skorpion mit dem Aszendenten Schütze hat im Berufsleben reelle Aufstiegschancen. Auch im finanziellen Bereich ist er Spitze, da er viel Geld durch sein sprichwörtliches Glück einfahren kann. Er arbeitet hart, lässt jedoch keine Betätigung in Stress ausarten. Der Skorpion mit dem Aszendenten Schütze sucht Erholung in der freien Natur und wandert viel an der frischen Luft. In späteren Jahren ist bei ihm eine ausgeprägte Reiselust festzustellen. Neben manchen anderen Hobbys ist vor allem die Liebe sein eigentliches Steckenpferd. Er kann sogar treu sein, wenn die Sterne ihm hold sind.

Mit der Treue hapert es dagegen bei dem anderen Skorpion/ Aszendent Schütze, der in seinem Horoskop schlechte planetarische Aspekte hat. Dieser recht eigenwillige Typ verpasst manche gute Chance, weil er sie einfach nicht erkennen will. Er redet viel, aber oft steckt nichts dahinter. Vor der Arbeit drückt er sich gern und lässt lieber andere schuften. Er verspielt auch im Privatleben manche Sympathie.

Aszendent Steinbock

Dieser Aszendent versucht an der Seite des Skorpions nie das Glück. Der Skorpion mit dem Aszendenten Steinbock geht immer mit letztem Einsatz den Weg nach oben. Er bedauert nur, dass die intimen Stunden in seinem Leben wegen anderweitiger Verpflichtungen nur dünn gesät sind. Dieser astrologische Mischling ist verantwortungsbewusst und zu manchem Opfer bereit, das sich für ihn oder seine Freunde auszahlt. Das macht ihn besonders liebenswert für Menschen, die eine ähnliche Philosophie und Einstellung zum Leben haben wie er selbst.

Äußerst hartnäckig ist der Skorpion mit dem Aszendenten Steinbock, wenn die astrologischen Aspekte zu seinen Ungunsten gestellt sind. Er kann im Arbeitsbereich seinen Kollegen, aber auch seinem Chef das Leben schwer machen. Zwar tut er alles, um voranzukommen, aber beliebter wird er dadurch nicht. Seine Sparsamkeit grenzt an Geiz. Er müsste einen Menschen an seiner Seite haben, der ihn so lange schüttelt, bis er zu sich kommt und auf andere hört – vor allem auf die wenigen, die ihn lieben.

Aszendent Wassermann

Er idealisiert manche gute Eigenschaft des Skorpions. Er verleiht ihm eine soziale Ader und stellt Ideelles über Materielles. Der Skorpion mit dem Aszendenten Wassermann ist wie geschaffen für freie Berufe, in denen er seine Pläne in die Tat umsetzen kann. Er ist für die Freiheit der Persönlichkeit, in der Liebe freilich ein wenig eifersüchtig, was manche Beziehung trüben könnte. Weil er sehr sympathisch wirkt, findet er trotzdem genügend Freundinnen und Freunde, die mit ihm durch dick und dünn gehen möchten.

Der negativ bestrahlte Skorpion/Aszendent Wassermann ist mehr in sich gekehrt. Er bleibt gern sein Leben lang Junggeselle. Seine einzige Leidenschaft ist die Arbeit. Man achtet ihn als Sonderling, den er sehr bewusst spielen kann. Schließlich legt er seine Widersacher, ohne dass sie es merken, aufs Kreuz. Sein Giftstachel stößt in einem Augenblick zu, in dem niemand auf die Gefahr geachtet hat. Dieser Skorpion kommt freilich nicht allzu oft in der Gesellschaft vor. Und das ist gut so.

Aszendent Fische

Der Aszendent Fische schenkt dem manchmal schweigsamen Skorpion ein Redetalent, das ihn überlegen macht gegenüber allen, die glauben, in heißen Diskussionen brillieren zu können. Der Skorpion/Aszendent Fische kann seine Mitmenschen mit Nachdruck von der eigenen Persönlichkeit überzeugen. Er verdient im Berufsleben Vertrauen, das man ihm gern entgegenbringt. Dieser sympathische Typ findet privat viele Freundinnen und Freunde. Mit Gefühl ist er bei der Sache, wenn er verliebt ist, aber er drängt sich niemandem auf. Gerade deswegen ist er beim anderen Geschlecht begehrt, und das gefällt ihm, ob er nun Frau oder Mann ist, ausgesprochen gut.

Zu verspielt ist der Skorpion mit dem Aszendenten Fische, wenn eine schlechtere Konstellation manches bisher positiv Geschilderte auf den Kopf stellt. Dann will der Fische-Aszendent den hartnäckigen Skorpion davon überzeugen, dass man im Leben manchen Schleichweg braucht, um zu einem angestrebten Ziel zu gelangen. In diesem Fall ist aber der vom Mars mit Kampfesmut ausgestattete Skorpion dem Jupiter der Fische überlegen. Leider rennt dieser astrologische Mischtyp jedoch manchmal blindlings gegen das Schicksal an und holt sich einige Beulen. Selbst in der Intimsphäre eckt er an und wird erst dann vernünftig, wenn es vielleicht schon zu spät ist.

Aszendent Widder

Dieser Aszendent drängt wie der Skorpion mit dem doppelten Mars nach vorn und will im Beruf stets der Erste sein. Wie gut, dass es auch noch den Planetenbeschützer Pluto gibt, der zum Machtwillen des Mars in bestimmten Fällen den Verstand gesellt. Der Skorpion/Aszendent Widder ist sehr sinnenfroh. Er hat viel Verständnis für seinen Partner und kann in seinen leidenschaftlichen Kraftakten auch zurückstecken. Treue versteht sich in dieser astrologischen Prachtmischung eigentlich von selbst.

Mit dem Kopf durch die Wand will immer derjenige, der kaum von guten planetarischen Aspekten sprechen kann. Zwar lässt der Aszendent Widder den Skorpion noch kämpferischer erscheinen, aber man hat nicht das nötige Quäntchen Glück an seiner Seite. Trotzdem: Wer sich diesem astrologischen Mischtyp entgegenstellt, hat nichts zu lachen. Bei manchen dieser nicht allzu gut bestrahlten Skorpione/Aszendent Widder kommt hinzu, dass sie sehr jähzornig reagieren können und nicht merken, wenn sie in einem hitzigen Wortgefecht falsch „gewickelt" waren. Wenn der

Skorpion es ruhiger angehen lassen möchte, setzt sich in dieser Mischung meistens der Widder durch. Wie bereits gesagt, kann aber ebenso der von Pluto gesteuerte Verstand zum Einsatz kommen, gegen den auch der Widder nichts ausrichten kann.

Aszendent Stier

Er lässt den Skorpion häuslicher erscheinen, ohne dass dieser seine Angriffslust verliert. Im Beruf kommt der Skorpion mit dem Aszendenten Stier langsam, aber sicher ans Ziel seiner Wünsche. Dieser Mischling ist sehr strebsam. Er will seine Leistungen gut honoriert sehen und bringt es schließlich beruflich sehr weit, zumal er in allen Belangen große Ausdauer beweist. Wen er einmal liebt, dem bleibt er treu. Manche Partner kritisieren freilich, dass ihr Skorpion/Aszendent Stier recht eifersüchtig sei. Solange ihm die Sterne hold sind, wird das die Beziehung kaum trüben, denn er lässt sich im Laufe der Jahre gut erziehen. Wenn aus einem Verhältnis mit diesem zuvorkommenden Menschen eine Kampfgemeinschaft wird, in der man gemeinsam durch dick und dünn geht, spielt die Eifersucht kaum noch eine Rolle.

Das ist in einer von einem schief stehenden Planeten bestrahlten Verbindung nicht der Fall. Hier eckt der Skorpion/Aszendent Stier immer wieder an und macht dem Partner das Leben manchmal zur Hölle. Auch im Berufsleben leiden die Kollegen oft unter den wechselnden Launen dieses Skorpions, der stets mit dem drohenden Giftstachel in der Hinterhand Angst und Schrecken verbreitet. Ganz so schlimm ist es zwar nicht, aber immerhin mag man solchen Kollegen nicht unbedingt an seiner Seite wissen. Und als Chef verlangt er totale Unterordnung. Er überträgt dieses Verlangen auch ins Privatleben und stört damit den häuslichen Frieden.

Aszendent Zwillinge

Dieser Aszendent setzt die körperlichen Qualitäten des Skorpions in geistige Überlegenheit um. Das sorgt dafür, dass der Skorpion-

Mensch mit dem Aszendenten Zwillinge auf der Karriereleiter ständig nach oben steigt. Er setzt sich stets durch. Im Privatleben würde er gern auch den „Chef" spielen, jedoch sagt ihm seine Vernunft, dass sich das nur bis zu einer gewissen Grenze durchsetzen lässt. Und so wird er schließlich doch zu einem passablen Partner fürs ganze Leben, wenn sein Pendant mit ihm am gleichen Strang zieht und so viele Vorzüge hat, dass man ihm überhaupt nicht untreu werden kann.

Es gibt natürlich auch hier den Menschen, den die Sterne nicht mit allzu viel Glück und geschliffenem Benehmen ausgestattet haben. Er will alles und jeden unter sein Kommando zwingen. Seine Mittel, um das zu erreichen, sind nicht immer fein. Kollegen beklagen seine Sturheit, mit der er sich durchsetzen will. Chefs sind zwar meist mit seiner Arbeitsleistung zufrieden, müssen jedoch ab und zu monieren, dass dieser Skorpion mit dem Aszendenten Zwillinge das Betriebsklima beeinträchtigt. Und privat ist dieser Skorpion zwar schnell verliebt, bleibt aber erst in einer späteren Beziehung treu.

Aszendent Krebs

Der Aszendent Krebs bremst die allzu große Forschheit des Skorpions. Er ist gewissermaßen die Schatulle, in der jener seinen Giftstachel verschließt. Das macht den Skorpion mit dem Aszendenten Krebs umso liebenswerter. Mit viel Gefühl wird in diesem astrologischen Mischzeichen nicht nur in der Liebe, sondern erst recht im Beruf taktiert. Am Ende steht man dann oft besser da als die weniger gefühlvollen Sternengeschwister.

Im negativen Fall, wenn also die Konstellationen eher Unheilvolles ankündigen, tritt der Krebs so sehr auf die Bremse, dass dem Skorpion Hören und Sehen vergeht. Sein sonst so kraftvoller Wille schwächt sich derart ab, dass er unschlüssig über sein trauriges Dasein nachdenkt. Glücklicherweise läuft die Bremse des Krebses schnell heiß, und der Skorpion tut dann doch, was ihm beliebt.

Aszendent Löwe

Er hält für den Marsjünger Skorpion das Erfolgsrezept parat, das diesen vor allem im Beruf über andere erheben wird. Wer den Skorpion mit dem Aszendenten Löwe liebt, weiß von dessen nahezu vulkanischer Heißblütigkeit, aber auch von seinen zarten Streichelkünsten zu berichten, mit denen er einen Partner zu sich in den siebten Himmel zu holen vermag.

Der andere Skorpion mit dem Aszendenten Löwe, der von schlechten Aspekten regelrecht verfolgt wird, erscheint unnahbar für die meisten seiner Mitmenschen. Im Beruf benutzt er manchmal rücksichtslos seine Ellbogen, um lästige Konkurrenz aus dem Weg zu räumen. Das macht ihn im Kollegenkreis nicht gerade beliebt. Und recht brutal mimt er auch im Privatleben den Stärkeren. Wer vor ihm kuscht, hat auf jeden Fall bei ihm gewonnen.

Aszendent Jungfrau

Dieser Aszendent lehrt den Skorpion, wie man mit höflichem Wesen weiter kommt als mit allzu großer Härte. Der Skorpion mit dem Aszendenten Jungfrau sieht sehr bald ein, dass er nicht sehr weit im Leben kommt, wenn man sich stets und ständig durchsetzen will. So wendet er immer öfter seine ursprüngliche Meinung ins genaue Gegenteil. Das lohnen ihm dann freundliche Herzenspartner mit nie versiegender Liebe. Und jeder wird glücklich sein.

Bei nicht allzu guten Konstellationen setzt der Krebs anstelle der Kampfkraft des Skorpions listige Schlauheit. Er macht den Jünger von Mars und Pluto schier unberechenbar, wobei unterschwellig auch revolutionäre Ideen mitspielen. Der Skorpion mit dem Aszendenten Jungfrau steht vor allem in jungen Jahren oft in Opposition zu den bestehenden Machtstrukturen. In den zwischenmenschlichen Beziehungen ist er mehr als unentschlossen, weshalb er am Ende ganz allein dasteht.

Aszendent Waage

Er macht den Skorpion zum Charmeur, der mit seinem herzlichen Wesen viele Freunde gewinnt. Der Skorpion mit dem Aszendenten Waage wird selbst von den mit ihm konkurrierenden Kollegen sehr geschätzt. Auch in der Liebe hat dieser Mischtyp prächtige Chancen, weil er besonders zärtlich sein kann. Fällt eine „Festung" nicht auf Anhieb, kann er sie mit diplomatischer Schläue trotzdem schleifen.

Wenn schlechte Aspekte in seiner Geburtsminute kaum Freundliches verkünden, benutzt der so bestrahlte Skorpion mit dem Aszendenten Waage seine zur Schau gestellte Liebenswürdigkeit nur zu dem Zweck, einen lästigen Nebenbuhler aus dem Weg zu schaffen, um die eigene berufliche Position zu verbessern. Er schindet zwar oft Eindruck beim anderen Geschlecht, was ihm viele Freundinnen und Freunde einbringt, aber um seine Treue ist es nicht immer gut bestellt.

Unverbesserlicher Optimist: der Schütze

Keiner strebt mehr nach Unabhängigkeit und Selbstbehauptung als der Schütze-Mensch (23. November bis 21. Dezember). Als unverbesserlicher Optimist im Tierkreis ist er von einer Unternehmungslust, die ihn dem Alltag immer wieder entfliehen lässt. Astrologisch wird er den männlichen, also starken Zeichen zugeordnet.

Wenn ein Schütze erfahren würde, dass diese Einteilung im Altertum von Menschen vorgenommen wurde, die das Patriarchat zur Lebensform erhoben haben, würde er wahrscheinlich sarkastisch seine gegenteilige Meinung äußern.

Schütze-Geborene handeln nach moralischen und rechtlichen Grundsätzen, aber es ist möglich, dass sie mit allzu schnellen Entscheidungen oft das Gegenteil von dem erreichen, was sie anstrebten.

Ihr Element ist das Feuer, das ihr ehrgeiziges Streben und ihre Leidenschaft entfacht. Ihr cholerisches Temperament lässt sie rasch und manchmal auch sehr heftig reagieren, wobei im negativen Fall Willkür beigemischt ist. Dann brausen sie auf und trüben eventuell den guten Eindruck, den sie sonst hinterlassen. Ihr Schutzpatron ist der Planet Jupiter, der sie damit begabte, günstige Gelegenheiten schnell zu erkennen und für sich zu nutzen. Das stempelt die Schütze-Geborenen zu Erfolgstypen mit weit gespannten Plänen und dem unbeirrbaren Glauben an sich und ihre Tüchtigkeit. Dabei lehnen sie sich gegen jede Einordnung in gewisse Kategorien auf, weil sie im Handeln und genauso im Denken frei bleiben wollen.

Um Karriere zu machen, ist ihnen nichts zu viel, weshalb sie sich leicht überarbeiten, weil sie sich überschätzen. Ihr Nervenkostüm leidet darunter. Die meisten Schützen halten viel von Kontaktpflege, denn sie wissen, dass gute Beziehungen Bausteine auf dem Weg nach oben sind. Da wird möglicherweise in lauten Gesellschaften manche Stunde verbracht, die man als hart arbeitender Mensch besser zum Ausruhen nutzen könnte. Von daher haben einige Schützen wohl ihre schwache Leberfunktion.

Jeder aus dem Jupiterzeichen weiß, was er wert ist. Er wird das auch zu gegebener Zeit in immer weiter steigendes Einkommen umsetzen können. Oft wird er ohne Skrupel den besten Freund beiseite schieben, wenn er damit sein eigenes Fortkommen sichern kann. Das Seltsame: Wenn er einen Coup gelandet hat, sieht er so aus, als könne er kein Wässerchen trüben. So bleiben ihm Freundschaften schließlich doch meistens erhalten.

Das Erfolgsstreben der Schütze-Menschen wird hier und da auch einmal gehemmt, weil sie sich einfach nicht unterordnen können. Im rechten Augenblick tun die meisten von ihnen dann aber das Richtige und erreichen mühelos das gesteckte Ziel. Ein Schütze spielt sich immer gern in den Vordergrund und will beachtet sein. Wenn er in kleinen Verhältnissen stecken zu bleiben glaubt, wird er mit Vehemenz eine andere Stellung anstreben, in der er mehr von sich hermachen kann, oder er wird versauern.

In Wirtschaft und Industrie oder im Verlagswesen erreichen viele Schütze-Geborene hohe Positionen. Im Bestreben, fremde Länder kennen zu lernen, gehen sie in den Auslandsdienst oder zu diplomatischen Vertretungen. Ihre Einsicht in das allzu Menschliche, gepaart mit ihrem Gerechtigkeitsgefühl, lässt sie als Richter salomonische Urteile fällen, und ihre Begeisterung für hohe Ideale lässt sie auch im Beruf eines Geistlichen Fuß fassen. Sie mischen sich unter Journalisten und Schriftsteller und bringen ihren Sarkasmus als Kabarettisten unters Volk.

Die Schütze-Frauen haben ähnliche Berufsziele, sind aber mehr noch als die Männer aus dem Jupiterzeichen auf solche Tätigkeiten fixiert, bei denen das Fernweh und ihre große Naturliebe zum Tragen kommen. Darüber hinaus findet man sie häufig im Erziehungsbereich, wo sie ihre eigene Begeisterungsfähigkeit für die Wissenschaft auf junge Menschen übertragen können.

Die Toleranz eines Schütze-Menschen beschert ihm vor allem im zwischenmenschlichen Bereich viele Freunde. Das Liebesglück steht ihm überall zur Seite. Das nutzen zum Beispiel Schütze-Männer bis zum Exzess aus. Viele von ihnen haben eine feste Freundin und ein paar andere nebenher. Ein Schütze-Mann hat gern zwei Eisen im Feuer. Er spielt den Kavalier der alten Schule, und das mag den Frauen gefallen, die ihm selbst dann noch eine Träne nachweinen, wenn er sie schnöde verließ. Am besten bliebe er Junggeselle, weil er dann kaum als Seitenspringer ertappt werden könnte. Auf jeden Fall zögert er die Entscheidung, eine feste Verbindung einzugehen, lange hinaus, um danach Zeugnis dafür abzulegen, dass es sogar unter Schützen treue Ehemänner gibt.

Die Fröhlichkeit der Schütze-Frau steckt an. Am liebsten möchte sie lachend das Leben meistern. Männer, die Trübsal blasen, können bei ihr nicht landen. Wer mit ihr die Liebe zur Natur zum Hobby macht und gern wandert oder auf Reisen geht, der hat bereits halb gewonnen. Aber er müsste schon etwas betuchter sein, denn solch eine Schützin geht wegen ihrer Extravaganzen ganz schön ins Geld. Sie flirtet gern, verliebt sich möglicherweise öfter, kommt aber schließlich doch unter die Haube, wenn sie endlich den ritterlichen Mann gefunden hat, der darüber hinwegsieht, dass seine Frau auch mal ab und zu eigene Wege gehen will.

Sie ist selbst sehr tolerant, möchte aber Gleiches mit Gleichem vergolten sehen. Sie hat viel Gefühl und wird schon darum in einer Ehe nicht auf krumme Gedanken kommen. Ist es verwunderlich, dass trotzdem einige Frauen aus dem Schütze-Zeichen die absolute Freiheit einer noch so guten Ehe vorziehen?

Die Aszendenten des Schütze-Zeichens

Nicht jeder der im letzten Herbstmonat Geborenen ist ein „reiner" Schütze. Astrologisch gesehen hat auch aus diesem Tierkreiszeichen jeder ein zweites Zeichen, den Aszendenten. Zwar gehört der Schütze-Mensch zu den starken Typen, aber lesen Sie nachstehend, dass das nicht immer aufgeht:

Aszendent Schütze

Er fördert die hohen Ideale, mit denen er zum Lebenskampf angetreten ist. Er ist in allen Bereichen für soziale Gerechtigkeit und hilft stets den Schwächeren. Der doppelte Schütze ist sehr lebhaft und begeisterungsfähig, sportlich und naturliebend. Sein Wunsch nach Geselligkeit lässt ihn nach außen streben. Auf abenteuerliche Art und Weise versucht er, die Welt für sich zu erobern. Was er anpackt, gelingt ihm meistens, vor allem im Beruf. In der Liebe finden Frauen und Männer aus diesem Doppelzeichen oft erst spät das, was sie wirklich glücklich macht.

Bei astrologisch negativen Aussagen betonen die doppelten Schützen sehr gern das eigene Ich. Sie bleiben manchmal an Äußerlichkeiten hängen. Und im intimen Bereich wirken sie flatterhaft. Die Männer dieses Zeichens halten sich leider zu viele Möglichkeiten offen, die Frauen suchen zwar ihren Märchenprinzen, der jedoch nur selten zu finden ist. So trösten sie sich möglicherweise mal mit diesem, mal mit jenem.

Aszendent Steinbock

Dieser Aszendent macht den Schützen ehrgeizig. Er wird jede Gelegenheit beim Schopf packen, um seine Karriere voranzutreiben. Reisen dienen dem Schützen mit dem Aszendenten Steinbock als Mittel, um gute Verbindungen zu knüpfen oder den eigenen Horizont zu erweitern. Alles was dieser Schütze beginnt, dient dem Ziel, seinen Wohlstand zu mehren. Des Schützen

Beweglichkeit und des Steinbocks Beharrlichkeit ergeben einen Menschen, der sich im Leben durchsetzt und dem vieles gelingt. Wenn er sein Karriereziel erreicht hat, hilft er stets den sozial Schwächeren. Sein Privatleben schirmt er gern vor neugierigen Blicken ab. Und das hat seinen Grund: den Steinbock-Schützen soll niemand durchschauen.

Bei schlechten Gestirnsstellungen gelten die Schützen/Aszendent Steinbock bei manchen Leuten als eiskalte Typen. Sie kapseln sich oft so sehr sogar von ihrer engeren Umgebung ab, dass man sie nicht gern zum Freund haben möchte. Sie misstrauen jedem. Das lässt sie unkollegial erscheinen. In der Liebe versuchen sie zwar zu gewinnen, da sie aber kaum Zeit für das andere Geschlecht erübrigen oder lieber auch mal schnell wechseln wollen, bleiben sie vielfach allein. Der Steinbock schafft es sogar, den im Allgemeinen doch recht großzügigen Schützen geizig zu machen.

Aszendent Wassermann

Er fördert des Schützen soziale Ader und macht ihn zum Vorkämpfer für Humanität und andere hohe Ideale. Der Schütze mit dem Aszendenten Wassermann bringt es aufgrund seiner Intelligenz und der ihm eigenen Beweglichkeit zu Ansehen und nebenbei möglicherweise zu einem stattlichen Vermögen. Er ist sehr beliebt, weshalb er auch den geeigneten Partner finden wird. Er sollte nur tüchtig suchen und nicht zu hohe Ansprüche in der Intimsphäre stellen.

Im Berufsleben geht der nicht so gut von planetarischen Aspekten gesegnete Schütze/Aszendent Wassermann rücksichtslos gegen mögliche Konkurrenten vor. Trotzdem ist es fraglich, ob er sein Ziel letztlich erreicht. Auch in der Liebe ist er ein krasser Egoist. Am besten wäre es, wenn er wegen seiner mangelnden Aufgeschlossenheit allein bleiben würde. Dieser Typ kommt freilich nicht allzu oft in der von uns gerade geschilderten Mischung vor.

Aszendent Fische

Der Aszendent Fische hat den Glücksplaneten Jupiter mit dem Schützen gemeinsam. Das bedeutet: Dem Schützen mit dem Aszendenten Fische ist der soziale und gesellschaftliche Aufstieg sicher, weil er anpassungsfähig ist und mit lässiger Leichtigkeit erreicht, was anderen nur unter großen Kraftanstrengungen gelingt. Trotz dieser guten Vorzeichen genügt diesem von Jupiter gesteuerten Mischtypen manchmal auch nur ein gut bezahlter Job. Im privaten Bereich findet er immer jemanden, mit dem er harmoniert.

Bei schlechten Konstellationen ist sich der Schütze/Aszendent Fische manchmal selber nicht hold. Bei einem Schützen ganz untypisch: Seine Durchsetzungskraft ist eingeschränkt. Er handelt recht willkürlich und flatterhaft, was ihm kaum Gönner einbringt. Privat findet er beim anderen Geschlecht zwar viele Freundinnen bzw. Freunde, wechselt sie aber sofort, wenn er andere findet, die ihm mehr liegen.

Aszendent Widder

Er verstärkt die typischen Schütze-Eigenschaften und gibt ihm noch mehr innere Kraft. Er bremst die Höhenflüge des Schützen nicht, sondern sorgt im Gegenteil für viel Aufwind. Der Schütze/Aszendent Widder fühlt sich in der Gemeinschaft wohl und versucht, für andere den Entwicklungshelfer zu spielen. Seine Reiselust führt ihn oft in weite Fernen, wo er Urlaub vom Alltag machen kann. Er arbeitet meist zielgerichtet und kann zu höchsten Ehren aufsteigen. Leider bleibt ihm dann wegen Arbeitsüberlastung nur wenig Zeit für sein Privatleben übrig. Wen er aber liebt, dem bleibt er auch sein ganzes Leben lang treu.

Der andere Schütze mit dem Aszendenten Widder, den widrige Planetenstellungen in eine schlechtere Lage versetzen, eckt oft mit seinem geradezu übertriebenen Gerechtigkeitssinn an. Wenn man ihm nicht gleich Recht gibt, kann er jähzornig werden und selbst die treuesten Freunde vergraulen. Wo immer es geht, sucht er Streit. Das macht ihn im Beruf nicht gerade zu einem beliebten Kollegen, schon gar nicht zu einem beliebten Chef. In der Liebe will er mit Macht gewinnen, verfehlt dann jedoch zumeist die beste Gelegenheit für ein geruhsames Zusammenleben.

Aszendent Stier

Der Aszendent Stier wird beim Schützen wohl die gefühls-mäßige Seite betonen, ohne dessen typischen Schütze-Eigen-schaften zu dämpfen. So spricht jeder, der ihn kennt, von dem netten Kollegen, mit dem man gut zusammenarbeiten kann. Auf diesem Wege wird er vor den anderen Karriere machen, ohne dass man es ihm übel nimmt. Der Schütze mit dem Aszendenten Stier ist sehr naturverbunden und gilt als unbedingt treu. Das macht ihn privat zum Familienmenschen, der am liebsten viele Kinder um sich scharen würde. Er sucht nicht die großen Gesellschaften, um darin den Ton anzugeben. Frauen und Män-nern aus diesem illustren Mischzeichen ist der kleine Freundes-kreis lieber.

Es gibt auch hier den negativen Typen, der durch irgendeinen schief gestellten Planeten anders ist als der zuvor beschriebene Schütze-Geborene. Er ist ein Egoist und kennt niemanden, der es mit ihm aufnehmen könnte. Wenn er Karriere gemacht hat, ver-gisst er manchmal seine besten Freunde. Er verliebt sich oft und reagiert meist ohne Grund eifersüchtig, wenn ihm ein Rivale in die Quere kommt.

Aszendent Zwillinge

Der Aszendent Zwillinge steuert hervorragende Geistesgaben und ein Gespür für lukrative Geschäfte bei. Er macht den Schützen geistig beweglicher und fördert seine schöpferischen Kräfte. Der Schütze mit dem Aszendenten Zwillinge nutzt jede Gelegenheit, um schnell nach vorn zu kommen. Was er sagt, hat immer Hand und Fuß. Weil er sehr umgänglich ist, findet er viele Freunde, die ihn fördern. Bei so vielen positiven Eigenschaften kann er bestimmt auch im Privatleben eine gute Partie machen.

Wenn dagegen die Sterne nicht so günstig standen, ist der Schütze mit dem Aszendenten Zwillinge oft recht unentschlossen, zögert kurz vor dem Ziel manches hinaus oder bleibt gleich auf der halben Strecke stehen. Er wirkt dann unsicher und versucht, sich mit demagogischen Mitteln doch noch durchzusetzen. In der Liebe verscherzt er sich oft Sympathien, weil er beim anderen Geschlecht gleich mehreren treu sein will. Und das bleibt auch so, wenn er verheiratet ist, weshalb er unter Umständen mehr als einmal geschieden wird. Und das kann nicht nur bei Männern, sondern auch bei Frauen aus diesem Mischzeichen der Fall sein.

Aszendent Krebs

Dieser Aszendent zügelt zwar das Temperament des Schützen, wird aber auch einige seiner eher negativen Eigenschaften mildern oder gar verschwinden lassen. Er lehrt den Beredten zu gegebener Zeit das Schweigen. Viele Leute schätzen den Schützen mit dem Aszendenten Krebs wegen dieser „Umschulung" als eine verantwortungsbewusste Persönlichkeit, bei der viel Gefühl meistens das Handeln bestimmt. Ob Frau oder Mann, ist dieser astrologische Mischtyp weniger auf Abenteuer aus und sorgt damit für stabile Verhältnisse in seinem Leben. Er tut ebenfalls etwas für die Gesundheit und bewegt sich viel an der frischen Luft. Insgesamt ist er für jeden, den er liebt, ein verlässlicher Partner mit seelischem Tiefgang.

Natürlich gibt es auch hier den anderen Schützen/Aszendent Krebs, den manche wegen einer unguten Planetenstellung für ziemlich unentschlossen halten. Dieser Typ will Abenteuer erleben, sich ausleben in Kreisen, die ein „echter" Krebs zum Beispiel niemals bevorzugen würde. In der Intimsphäre ist er kaum auf eine feste Bindung aus, sondern pflegt den Wechsel. Das ist ebenso im Beruf der Fall, wo dieser Mischtyp manches verspielt, was ihm seine Gönner verschafft haben.

Aszendent Löwe

Er gibt selbst dem Schützen gesellschaftlichen Schliff. Ein Salonlöwe ist der nach absoluter Freiheit dürstende Schütze mit dem Aszendenten Löwe deshalb noch lange nicht. Er ist eher eine angesehene Persönlichkeit, die schon in jungen Jahren das Befehlen lernt. Unterordnen will er sich nicht. Privat kann er ein treuer Partner mit viel Herzenswärme sein. Im Allgemeinen möchte jeder gut Freund mit diesem Sternenmischling sein.

Dessen Pendant ist der von den Gestirnen wenig bevorzugte Schütze mit dem Aszendenten Löwe. Er wird von seinen Gegnern als überheblicher Mensch geschildert, der im Beruf, aber auch privat unduldsam sein kann. Er „glänzt" eher mit aufgesetzter Freundlichkeit. Sein eigenes Ich ist ihm wichtiger als jeder noch so gute Partner.

Aszendent Jungfrau

Dieser Aszendent lehrt den sonst doch ein wenig leichtsinnigen Schützen das Sparen. Bereits in jungen Jahren ist der Schütze mit dem Aszendenten Jungfrau ein kühler Rechner, was sich mit der Zeit in einem stetig wachsenden Vermögen manifestieren wird. Rechtschaffenheit und Anständigkeit sind bei ihm oberstes Gebot. Mit recht moralischen Grundsätzen geht er das Leben an, bis im späteren Alter dann doch der Schütze mehr und mehr Gewicht bekommt. Dann liebt man den fröhlichen Menschen, der großzügig mit dem zuvor verdienten Geld umgeht. Harmonie herrscht im Privatleben vor. Dieser Schütze weiß seine Zeit richtig einzuteilen, auch wenn sie wegen Arbeitsüberlastung oft zu knapp bemessen ist.

Schon bei einem einzigen schief gestellten Gestirn im Horoskop kann sich dieses Bild ändern. Dann wird aus dem fröhlichen

Schützen einer, der gern die charakterlichen Schwachstellen seiner Mitmenschen aufspürt und offen kritisiert. Dieser Schütze mit dem Aszendenten Jungfrau gilt in manchen Kreisen als zu pingelig. Überdies ist seine Gesundheit nicht immer die beste. Im Privatleben mag ihn wegen seiner Nörgeleien nur jemand, der klüger ist als er. Und wer ist das nach Meinung dieses Schütze-Mischtyps schon?

Aszendent Waage

Er macht den Schützen zum Diplomaten, der selbst recht schwierige Situationen meistern kann. Der Schütze mit Aszendent Waage ist höflich und freundlich. Frieden und Harmonie sind für ihn wichtigste Lebenselemente. Die lässige Eleganz, mit der er überall auftritt, sorgt für Bewunderer. Trotz vieler guter Freundinnen und Freunde zögert er eine ständige Bindung hinaus. Er will ja niemandem etwas zuleide tun ...

Auch wenn man den von schlechteren Aspekten im Horoskop bedrohten Schützen mit Aszendent Waage einen ausgeglichenen Charakter bescheinigen wird, liebt er in den zwischenmenschlichen Beziehungen den Wechsel. Eine große Zahl eingefleischter Singles kommt übrigens aus diesem Mischzeichen. Dieser Schütze-Geborene wandert nicht nur gern durch die Landschaft, sondern sucht sich auch im Beruf immer wieder einen anderen Job.

Aszendent Skorpion

Der Aszendent Skorpion schürt im Schützen das Feuer der Leidenschaft und den Willen nach grenzenloser Freiheit und Unabhängigkeit. Der Schütze/Aszendent Skorpion möchte um jeden Preis frei sein und strebt unbeugsam in die höchsten Etagen des Lebens. Wenn er es zu etwas gebracht hat, ist er ein perfekter Gastgeber, der andere an seinem Leben im Luxus teilhaben lässt. Bis es soweit ist, verstreicht eine lange Lehrzeit, die nicht immer mit dem Meisterdiplom belohnt wird.

Leider hat der Schütze/Aszendent Skorpion bei planetarischen Unebenheiten in seinem Horoskop oft zu wenig Zeit, um sich den richtigen Partner zu suchen. Glaubt er ihn dann gefunden zu haben, stört er das harmonische Zusammenleben wegen zu vieler anderer Verpflichtungen. Das liegt am unruhigen Blut des Skorpions, aber auch des Schützen.

Der Steinbock im Aufwärtstrend

Wie ihr Wappentier sind Steinbock-Menschen (22. Dezember bis 20. Januar) unermüdliche Kletternaturen – will heißen: Sie kennen nur den Weg nach oben. Selbst schroffe Hindernisse können diese in einem weiblichen Zeichen Geborenen nicht schrecken. Da sie sehr gründliche Zeitgenossen sind, erscheinen sie manchem als zu passiv, obwohl sie zu überragenden Arbeitsleistungen fähig sind. Lob spornt sie an, macht sie aber nicht übermütig.

Die Erde ist ihr Element, bodenständig ihr Denken und Handeln. Vom Temperament her eher phlegmatisch, sind sie doch von einer Sachlichkeit und einem Realitätsstreben beseelt, was ihnen schon bald Respekt bei den Mitmenschen einbringt. Man sucht ihren Rat.

Hilfestellung leistet den Steinbock-Menschen der Planet Saturn, der ihnen die Gabe verleiht, selbst schwerste Widerstände zu überwinden und mit Vorsicht und Bedacht das Leben zu meistern. Es gibt keinen Gewissenhafteren im Tierkreis als den Steinbock-Menschen. In dieser Hinsicht übertreibt er manchmal so, dass er in echte Stresssituationen kommt. Er neigt zu Erkältungskrankheiten und zu Rheuma; sein Knochen- und Muskelsystem hält Überbelastungen nicht aus.

In allem, was er denkt und tut, strebt er nach völliger finanzieller Unabhängigkeit. Beizeiten legt er sich etwas zurück, um gegen alle Eventualitäten abgesichert zu sein. Ein Steinbock leidet psychisch, wenn er knapp bei Kasse ist, redet aber auch nie über sein Bankkonto, wenn es hohe Zinsen abwirft.

Der Mensch aus dem Saturnzeichen ist nicht der schnellste Arbeiter, und seine teilweise überspitzte Ordnungsliebe geht manchem Mitmenschen auf den Wecker. Am Ende siegt aber doch stets seine Gründlichkeit über das allzu rasche und deshalb vielleicht lasche Handeln anderer.

In ihrem Streben nach totaler Sicherheit sind viele Steinbock-Geborene lieber in abhängigen Stellungen. Nur wenige von ihnen klettern schon in jungen Jahren in die Vorstandsetagen. Oft fehlt ihnen auch der rechte Mut, sich selbstständig zu machen: Erstens zahlen sie nicht gern Zinsen für hohe Schulden, und zweitens ziehen sie eine krisenfeste Anstellung einer unsicheren Lebenslage vor.

Steinbock-Menschen sind eher verschlossen, wenn sie ihre Karriere planen. Niemand ist sich über ihre Ziele im Klaren. Viele Direktoren und hohe Staatsbeamte, Funktionäre in Gewerkschaften und Verbänden wurden unterm Steinbock geboren. In der Politik gilt ihr nüchterner Sachverstand. Sie können schweigen, im rechten Augenblick aber mit klaren Argumenten Gegnern entgegentreten.

Im Allgemeinen wird der Beruf sehr ernst genommen, sodass sich zum Beispiel Steinbock-Frauen vielfach weigern, ihn aufzugeben, auch wenn sie schon längst Ehefrau und Mutter geworden sind. Es macht ihnen dabei nichts aus, wenn sie an der Seite eines Vorgesetzten selbst in untergeordneter Tätigkeit ein Zubrot verdienen. Viele Sekretärinnen, die ihren Chefs das Büro in Ordnung halten, wurden unter dem Steinbock-Zeichen geboren. Andere Steinbock-Geborene drängen in pflegerische Berufe, wo sie ihrem Hobby, Menschen in Not zu helfen, sichtbaren Ausdruck geben können. Als Verkäuferinnen und als Abteilungsleiterinnen in Supermärkten und Kaufhäusern sind sie gefragte Kräfte. In den so genannten intellektuellen Berufen fehlt ihnen manchmal die Spritzigkeit.

Obwohl die Steinbock-Frauen in höchste Stellungen katapultiert werden könnten, haben ihnen die Männer da einiges voraus. Große Chancen werden ihnen in wissenschaftlichen Berufen eingeräumt, weil sie vorzüglich ins Detail gehen können. Als Architekten und Statiker kommt ihnen ihr Rechengenie zu Hilfe, in allen bodenständigen Tätigkeiten fühlen sie sich zu Hause.

Auch gute Hausärzte findet man in dem saturnischen Zeichen; ihre Ruhe überträgt sich auf die Patienten und schafft Vertrauen, das psychologisch zur Genesung beiträgt.

Der Steinbock-Mann setzt beizeiten alles daran, um eine Familie zu gründen und ihr ein schönes Heim zu schaffen. Manchmal aber lässt ihn sein Hang, jedem erst einmal zu misstrauen, privat nicht die rechte Verbindung finden. In der Liebe ist er mit Ernst bei der Sache, aber nicht allzu schnell entschlossen. Er verändelt sich nicht. Wenn er sich bei einer Frau jedoch ganz sicher ist, kann er recht charmant um sie werben. Da er zudem meist einiges zu bieten hat, wird seine Werbung kaum fehlschlagen.

In der Ehe ist er kein Sexprotz, dafür jedoch ein zuverlässiger und meist auch treuer Gatte.

Mit einem Eisberg wird die Steinbock-Frau in vielen astrologischen Abhandlungen verglichen. Der Vergleich hinkt: Sie kann sehr wohl mit ihren Reizen die Männer betören und sucht sich dann meistens einen Mann aus ihrem Verehrerkreis heraus, der ihr jene finanzielle und gesellschaftliche Unabhängigkeit bieten kann, nach der diese Frau aus dem Saturnzeichen lechzt. Das mag im ersten Augenblick auf eine recht nüchterne Einstellung zu Liebe und Sex hinweisen, ist in Wirklichkeit aber nur Teil eines Sicherheitsdenkens, in das der private Bereich eingeschlossen ist. Es stimmt, dass allzu oberflächliche Liebesbeteuerungen einer Steinbock-Frau nichts bedeuten, aber ganz ohne Liebe könnte sie kaum in einer Ehe glücklich sein.

Die Aszendenten des Steinbock-Zeichens

Neben dem Sonnenzeichen, in dem der Steinbock-Mensch geboren wurde, beeinflusst natürlich auch der Aszendent sein Horoskop. Dabei werden seine Charakteranlagen oft nur um Nuancen, manchmal jedoch recht deutlich verändert. Im Einzelnen sieht – wie wir bald schon sehen werden – das dann so aus:

Aszendent Steinbock

Dieser Aszendent betont die harte Gangart, mit der ein Steinbock im Beruf Erfolge sucht. Der doppelte Steinbock ist die Selbstbeherrschung in Person. Er konzentriert sich stets nur auf das Wesentliche. Die ihm eigene Zähigkeit wird seine Karriere bestimmen. Dazu trägt auch sein freundliches und stets hilfsbereites Wesen bei. In der Liebe jedoch erscheint er oft schüchtern, bis ein Partner ihn richtig kennen lernt. Da ist nichts von einem „Eisberg". Hemmungen in der Liebe kennen die Frauen und Männer aus dem doppelten Steinbock-Zeichen nicht, obwohl sie sehr moralische Grundsätze hegen.

Man mag diesen positiven Steinbock loben – es gibt aber auch den anderen, der finster dreinschaut und dem man nichts recht machen kann. Einige planetarische Unebenheiten in seinem Horoskop deuten an, dass er kein Menschenfreund ist, sondern ein Streber, der im Beruf wie privat alles haben will und dann schließlich doch nicht erreichen wird. Ständig stören Depressionen seinen Lebenslauf. Er erlebt Stresszustände im Arbeitsleben und kommt so nicht weiter. In der Liebe hemmt ihn seine Ichbezogenheit. Sie lässt ihn kaum die richtigen Freundinnen und Freunde finden. Misstrauen gegen jedermann sorgt für Missstimmung in allen Bereichen des täglichen Lebens.

Aszendent Wassermann

Er fördert die soziale Ader des Steinbocks. Wenn der Steinbock mit dem Aszendenten Wassermann erst einmal zu Geld und Ansehen gekommen ist, wird er jedem helfen, der seine Hilfe erbittet. Aber bis dahin vergeht schon eine Weile. Im Beruf muss dieser Typ hart arbeiten. Es verunsichert ihn, wenn er sich nicht gleich durchsetzen kann. Um vorwärts zu kommen, wird er vielleicht öfter mal die Stellung wechseln. Ganz privat ist dieser Steinbock-Mischling der netteste von allen. Leider sind die Frauen und Männer aus diesem Zeichen immer auf der Suche nach dem geeigneten Partner, den sie lieben und dem sie treu sein können. Und so starten sie in ihrem Leben oftmals mehrere Versuche, um endlich das Glück zu erhaschen.

Nicht ganz so nett sind die Steinböcke/Aszendent Wassermann, denen ein „verkorkster" Planet ins Horoskop geschrieben wurde. Sie entwickeln kaum Eigeninitiative, schwimmen lieber in der Allgemeinheit und werden kentern, wenn sie nicht Freunde an ihrer Seite haben, die ihnen helfen. Erst spät erreichen sie im Beruf höhere Ränge. Und in der Liebe machen sie gerade dann manches falsch.

Aszendent Fische

Der Aszendent Fische fördert die Gefühlsebene des Steinbocks. Der Steinbock/Aszendent Fische hat im Berufsleben Gönner, die den eigentlich nicht sehr Entschlussfreudigen fördern und schließlich dahin lotsen, wo er hin will.

Mit anderen Worten: Dieser Steinbock hat Erfolg, weil er liebenswert und freundlich ist. Wenn er erst einmal zu Ansehen gekommen ist, wird er meisterlich Pläne schmieden und seinen Erfolg absichern können. Zum Geld hat der Steinbock/Aszendent Fische ein gutes Verhältnis, versucht sogar manchmal sein Glück im Spiel, wobei er aber immer einen Notgroschen in seiner Kasse behält.

Im Privatleben findet er meistens den Partner, der zu ihm passt, und geht stets gefühlvoll auf ihn ein. Diesen Mischling muss eigentlich jeder lieben.

Der andere Typ dieses Mischzeichens, dem nicht das Sternenglück hold ist, liebt die Bequemlichkeit und kommt daher weniger schnell voran. Der Wille, etwas im Leben zu werden, ist zwar vorhanden, aber es fehlt oft das Gespür, um sich durchzusetzen. Privat wird die Suche nach dem richtigen Lebenspartner gestartet, jedoch allzu bald auch mal abgebrochen, um eine neue Suche zu beginnen. Man möchte diesen Steinböcken mit dem Aszendenten Fische mehr Mut in ihrem ganzen Leben wünschen.

Aszendent Widder

Er lässt den Steinbock noch hartnäckiger seine Ziele verfolgen als andere Mischtypen aus dem Steinbock-Zeichen. Mit Macht werden hier die beruflichen Ziele vorangetrieben. Der Steinbock mit dem Aszendenten Widder erreicht darum oftmals eine gut dotierte Stellung. Er ist sparsam, hat aber etwas für Leute übrig, die ärmer sind als er selber. Als verlässlicher Partner ist er bekannt. Wenn er verliebt ist, wird er leidenschaftlicher als andere Steinbock-Mischlinge reagieren, falls ihm sein Beruf genug Zeit dazu lässt.

Bei einem nicht sehr gut gestellten Planeten im Horoskop ist der Steinbock mit dem Aszendenten Widder zwar ein harter Arbeiter, aber ihm gelingt nicht ganz so viel wie dem eben geschilderten. Seine Sparsamkeit grenzt eher an Geiz. Trotzdem führt er — oft auf Kosten anderer — ein ausschweifendes Leben. Überdies streitet er gern mit seinen Mitmenschen und vergrault dadurch manchmal die besten Freunde.

Aszendent Stier

Dieser Aszendent macht den Steinbock zeitweilig etwas träge. Wenn sich dieser aber aufrafft, wird er den Erfolg haben, den er sich erhofft. Denn er weiß genau, was er will. Der Steinbock mit dem Aszendenten Stier hat freilich einige Antriebsschwächen. Wenn er aber erst einmal richtig in Fahrt gekommen ist, hält ihn niemand so leicht auf. Er kann sich dann regelrecht in seine Arbeit hineinfressen und wird sich nicht scheuen, auch Überstunden zu machen. Er ist privat ein verlässlicher Partner, selbst wenn er für seine Familie nicht allzu viel Zeit erübrigen kann.

Eigensinnig verfolgt der nicht so gut bestrahlte Steinbock mit dem Aszendenten Stier seine Wunschziele. Auch er kann unermüdlich schaffen, doch der Erfolg liegt hier und da in weiter Ferne, weil er ausgerechnet im Eifer des Gefechts schwache Nerven zeigt. Dadurch bleibt er möglicherweise erfolglos.

Manchmal ist er auch langsamer als seine Konkurrenten. Er wird beruflich nur etwas erreichen, wenn er zielstrebiger handelt. Und in der Liebe ist es genauso: Ohne eigenes Zutun wird man kaum den passenden Partner finden.

Aszendent Zwillinge

Der Aszendent Zwillinge schenkt dem an sich hartnäckigen Steinbock sprühende Intelligenz. Der Steinbock mit dem Aszendenten Zwillinge wird auf jeden Fall Karriere machen, auch wenn sein Aufstieg des Öfteren über Umwege verläuft. Dieser Mischtyp hat brauchbare Ideen, die er finanziell sehr gut umsetzen kann. Er wird sein Wissen immer auf dem letzten Stand halten und es in die eigene Arbeit einbringen. Das kostet natürlich eine Menge Zeit. Und diese fehlt ihm dann im Privatleben. Das heißt: Frauen und Männer aus diesem Mischzeichen suchen oft mühsam nach einem Partner, den sie aus Zeitersparnis meist nur am Arbeitsplatz finden werden.

Der Aszendent Zwillinge pflanzt dem Steinbock bei nicht so guten Gestirnsstellungen zwei Seelen in die Brust, die auseinander streben oder sich ständig bekriegen. Trotz hoher Geistesgaben wird bei diesem Steinbock manches nicht zu Ende gedacht. Im Privatleben ist er nicht immer zuverlässig.

Aszendent Krebs

Dieser Aszendent verordnet dem Steinbock mehr Gefühl. Vornehme Zurückhaltung ist für den Steinbock mit dem Aszendenten Krebs oberstes Gebot. In allen Lebenslagen sorgt dieser astrologische Mischling für absolute Sicherheit. Nüchtern geht er sein Ziel an, finanziell unabhängig zu werden. Und das wird ihm sicher gelingen. Diese Steinbock-Mixtur kann auch mal die Arbeit liegen lassen, um in der Familie sein Glück zu suchen. Er ist ein guter Partner, zieht sich aber manchmal, ob er nun Frau oder Mann ist, schmollend in irgendeinen Winkel zurück. Man sollte ihm die selbstgewählte Einsamkeit gönnen. Sie dient ja nur zum Aufbau der eigenen Persönlichkeit, die mit viel Herz auf jeden zugeht, der ihm ein Leben lang das eigene Herz schenken will.

Stehen die Sterne für den Steinbock mit dem Aszendenten Krebs nicht so günstig, sind Launen gerade im falschen Augenblick angesagt. Die herausfordernde Art dieses Mischtyps macht ihn nicht unbedingt zu einem guten Kollegen. Als Chef ist er nicht der Vorarbeiter der ganzen Belegschaft, sondern er sorgt dafür, dass andere für ihn arbeiten, er selbst aber abkassieren kann. Auf privater Ebene ist er der Knecht seiner stets wechselnden Stimmungen, über die nur charakterfeste Typen mitleidig hinwegsehen werden.

Aszendent Löwe

Er lehrt den Steinbock, aufrecht durchs Leben zu gehen. Deshalb wird der Steinbock/Aszendent Löwe trotz einer gewissen Behäbigkeit viel erreichen; denn er leistet mehr als andere und wird darum viele Gönner finden. Und er wird sich durchsetzen und gezielt seinen Weg in die oberste Etage des Lebens gehen. Für die Liebe ist dieser Sternentyp wie geschaffen. Hier mischt sich die sachliche Kühle des Steinbocks mit der Heißblütigkeit des Löwen.

Der andere, mehr negativ bestrahlte Steinbock mit dem Aszendenten Löwe erscheint vielen als arroganter Mensch, dem nichts recht zu machen ist. Er sieht beruflich wie auch privat immer nur sich. Wer sich mit diesem Mischtypen anlegt, wird mit allen erdenklichen, meist nicht sehr fairen Mitteln aus dem Wege geräumt. Er will herrschen und Geld verdienen. Die Großzügigkeit des Löwen wird von der eiskalten Art dieses Steinbocks weggewischt. Selbst in einer festen Verbindung sind bei unguter Gestirnslage die Frauen und Männer aus dem Steinbock-Zeichen mit dem Aszendenten Löwe oft nicht mit viel Herz bei der Sache.

Aszendent Jungfrau

Der Aszendent Jungfrau wird den Steinbock mit Zurückhaltung, aber stets beharrlich seine Ziele angehen lassen. Mit Bravour wird der Steinbock/Aszendent Jungfrau das meiste, was er sich vornimmt, auch erreichen. Sein Geld legt er mit großem Gespür Gewinn bringend in festen Werten an. Da er das Leben recht nüchtern angeht, bleiben diesem positiv geschilderten Menschen Enttäuschungen vielfach erspart. Im Privatleben ist er nicht sehr leidenschaftlich, aber ein guter Partner, der für den, den er liebt, durchs Feuer geht. Man kann sich auf diesen Sternenmischling stets verlassen.

Der von ungünstig stehenden Gestirnen bestrahlte Steinbock mit dem Aszendenten Jungfrau ist zwar auch erfolgreich, doch seine Sparsamkeit verwandelt sich eher in Geiz. Er gönnt selbst seinem Liebespartner nicht allzu viel, weshalb diesem geraten sein sollte, sich unabhängig von ihm zu machen. In späteren Jahren klagt dieser bedauernswerte Steinbock über eine recht anfällige Konstitution. Dann will er bedauert werden. Am besten bliebe dieser gefühlsmäßig eher unterkühlte Sternenmischling – ob Frau oder Mann – ein Leben lang Single.

Aszendent Waage

Der Aszendent Waage macht den sonst so ordnungsliebenden Steinbock ein wenig nachlässig, dafür aber umso liebenswürdiger. Der Waage-Einfluss mildert manche allzu harte Charaktereigenschaft des Steinbocks. Der Steinbock mit dem Aszendenten Waage ist mutiger als viele andere Saturn-Schützlinge. Mit etwas mehr Forschheit wird er es im Leben sehr weit bringen, zumal er gewandt auftritt und selbst anfängliche Gegner von sich und seinen Leistungen überzeugen kann. Im Privaten strebt er nach Harmonie. Er gilt als idealer Liebespartner.

Der ruhige und sehr sachliche Steinbock drischt mit dem Aszendenten Waage bei widrigen astrologischen Bedingungen eher Phrasen und scheut Konsequenzen. Leichtsinn kann die schönsten Pläne zunichte machen. Er setzt sich oft nicht durch, sondern versucht manchmal, auf krummen Touren zum Ziel zu gelangen. Einige aus dieser Mixtur bringen mit zu großer Sinnlichkeit Unruhe in die beste Partnerschaft.

Aszendent Skorpion

Er stachelt den beruflichen Ehrgeiz des Steinbocks an. Der Steinbock mit dem Aszendenten Skorpion verfolgt hartnäckig seine Ziele und erreicht sie schließlich auch. Er hat im Gegensatz zu anderen Steinbock-Mischlingen viel Geduld, die sich am Ende für ihn auszahlen wird. Das Glück steht manches Mal an seiner Seite. Er wird kaum arm sein. Im Intimleben beherrscht er die durchaus vorhandenen sexuellen und erotischen Leidenschaften und gelangt so zu einem häuslichen Glück in der Familie.

Der planetarisch schlecht bestrahlte Steinbock mit dem Aszendenten Skorpion kennt kein Halten, wenn es um seine finanzielle Sicherheit geht. Da er aber oft zu forsch mitspielen will, versickert sein Glück manchmal im Sande. Er arbeitet planlos vor sich hin und verrennt sich leicht in Ideen, die ihm nicht nützen können. Zu Kompromissen im Beruf wie privat ist er so gut wie nie bereit. Deshalb hat er auch nur wenige Freunde. In der Liebe kocht oft Eifersucht hoch. Gefühl ist nicht immer seine Sache.

Aszendent Schütze

Der Aszendent Schütze bringt Unruhe ins Leben des Steinbocks. Er lässt ihn viele Erfolge erzielen – nicht nur im Beruf, sondern auch in der Partnerschaft. Trotzdem ist sich der Steinbock/ Aszendent Schütze nie ganz sicher, weshalb er nur langsam vorankommt. Das hat sein Gutes; denn so wird er über andere, die allzu schnell Erfolge erringen wollen, leicht triumphieren. Er lebt meist sehr gesundheitsbewusst und kann darum ein hohes Alter erreichen, wenn seine Arbeit nicht in Stress ausartet. Dieser

Steinbock ist ein Mensch zum Verlieben, aber er ist in der Intimsphäre sehr wählerisch.

Unebenheiten im Horoskop des Steinbocks mit dem Aszendenten Schütze sorgen dafür, dass dieser oftmals seine Energie und Arbeitskraft regelrecht verschleudert. Da mischt sich auch hier und da Lebensangst bei, die ihn verunsichert. Im Privatleben beherrscht Misstrauen die Szene, weil dieser Steinbock-Mischling sich selbst einfach nicht viel zutraut. Deshalb kapselt er sich manchmal von seinen besten Freunden ab.

Der konsequente Wassermann

Was ein Wassermann-Mensch (21. Januar bis 19. Februar) auch tut, er handelt stets konsequent. Er kennt nur Sympathie und Antipathie, ein Mittelding ist ihm unbekannt. Äußerst aktiv geht er an die Lebensaufgaben heran und löst sie mit der ihm eigenen Forschheit. Seine Ideale wechseln, weshalb er auch in seinem Handeln ein wenig unbeständig wirkt. Von einem Augenblick zum anderen kann er eine erfolgreiche Tätigkeit aufgeben und in einem anderen Bereich wieder ganz von vorne anfangen.

Der Wassermann ist astrologisch ein männliches Zeichen, das scharfe Logik vermittelt und nicht vermuten lässt, dass sich lediglich mit gutem Instinkt viel erreichen lassen würde. Ein sanguinisches Temperament sorgt bei den im Wassermann-Zeichen Geborenen für die leichte Art, mit der sie das Leben zu meistern versuchen. Ihr Element ist die Luft. Sie dürsten nach Freiheit des Geistes und ordnen den Willen immer wieder dem Intellekt unter. Sie vermögen sich anzupassen, brechen aber dann doch plötzlich aus.

Im Altertum wurde das Wassermann-Zeichen dem Planeten Saturn zugeordnet; moderne Astrologen glauben jedoch, dass es eher zum Uranus tendiert, der die Sprunghaftigkeit, mehr noch die Originalität des Wassermann-Menschen begünstigt. Mögliche Gegner können sie durch plötzlichen Sinneswandel erschrecken, sich selbst aber auch hier und da ins Unrecht setzen.

Die Toleranz dieser Menschen ist bekannt, ebenso ihre hilfsbereite Art. Obwohl ihr Energieverbrauch hoch ist, bleibt ihre Gesundheit stabil, sodass sie leicht ein hohes Alter erreichen könnten, wenn ihnen nicht eines Tages doch Stoffwechsel und Kreislauf zu schaffen machen würden.

Mit Macht kämpfen sie gegen jede Krankheit an. Leider fehlt ihnen manchmal die rechte Einsicht, wenn ihnen vom Arzt eine Umstellung ihrer Lebensweise empfohlen wird. Trotz plötzlichen Gesinnungswandels kann ein Wassermann oft nicht den übermäßigen Gebrauch von Genussmitteln einstellen.

Der Wille, jedes Geheimnis zu ergründen, stempelt die Wassermann-Menschen zu Forschern und Wissenschaftlern von hohen Graden. Sie zeigen ein vertieftes Verständnis für seelische Belange, ohne dabei jedoch in Gefühlsduselei zu verfallen, weshalb sie zum Beispiel als Psychotherapeuten und in Sozialberufen, aber auch als Pädagogen Überragendes leisten und den ihnen anvertrauten Mitmenschen echte Hilfestellung gewähren. Ihr Forschungsdrang lässt sie in allen technischen Berufen vorwärtskommen, genauso wie in den Randgebieten der Medizin. Als Ärzte tendieren sie vielfach zur Psychiatrie.

Die Wassermann-Frauen haben vielfach ähnliche Ambitionen wie ihre Sternenbrüder. Ebenso wie diese finden sie sich nicht unbedingt mit einer ruhigen Beamtenlaufbahn ab. Ein geistiges Korsett werden sie sprengen und nach mehr Freiraum suchen, der ihnen vor allem in den so genannten freien Berufen leichter zur Verfügung steht.

Große Reichtümer sammeln die meisten Wassermann-Menschen nicht an, weil sie einfach nicht einsehen können, dass Geld eine Hauptrolle in ihrem Leben spielen soll. Bei all dem ist nicht verwunderlich, dass der Aufstieg eines Wassermanns erst über manche Umwege möglich wird. Er ist zwar sehr selbstdiszipliniert und von einer Konsequenz, mit der gute Gedanken zur logischen Anwendung gebracht werden, manchmal jedoch verkrampft er bei der Ausführung seiner Ideen so sehr, dass der Erfolg ihm versagt bleiben würde, wenn nicht zähe Beharrlichkeit bei ihm im Spiel wäre, die ihn das gesteckte Ziel nach vielerlei Mühen doch erreichen ließe.

Zu den Begabungen des Wassermann-Menschen zählen sein Sprachtalent und eine künstlerische Ader, die besonders in der Malerei und im Kunsthandwerk zum Tragen kommt.

Der Forschungsdrang eines männlichen Wassermanns macht auch vor der Liebe nicht Halt. Er erscheint manchem als rechter Draufgänger, der er aber eigentlich gar nicht ist, weil er eher das „Objekt" Frau studieren will, um anthropologische Erfahrungen zu sammeln.

Natürlich ist er in jungen Jahren und ab und zu auch später noch ein Luftikus, der sich mal austoben möchte. Und er brüstet sich möglicherweise auch mit seinen Erfolgen beim weiblichen Geschlecht, wird dabei aber nicht zugeben, dass er bei solchen „Reihenversuchen" eigentlich nur die große Liebe zu einer einzigen Frau sucht. So ganz besitzen wird ihn keine. Selbst in einer glücklichen Ehe sind Ausbruchsversuche möglich. Langweilig wird's bei ihm nie.

Ein herziges und fröhliches Geschöpf ist die Wassermann-Frau. Wie ein Schmetterling flattert sie durchs Leben ihrer zahlreichen Freundinnen und Freunde und ist stets gern gesehen. Früh schon entdeckt sie die Liebe, wobei ihr etwas sprunghaftes Wesen dazu beiträgt, dass Partner meist nicht recht wissen, woran sie bei diesem lebhaften Persönchen sind. Mit ihr kann man nicht nur herrlich schmusen, sondern auch prächtig streiten. In ihren Augen reinigt ein Gewitter gleich die Luft und macht zu neuen Liebestaten bereit.

In der Ehe mit einer Wassermann-Frau ist immer etwas los. Wer mit ihr lacht, hat viel gewonnen. Sie ist ein liebenswertes Geschöpf, das sich trotz ehelicher Pflichten einen Rest Unabhängigkeit erhalten will. Ihre originellen Einfälle bringen Lebensfreude in den tristen Alltag. Sie kann einen Mann so richtig aufmöbeln, wenn er es versteht, auf sie und ihre Eigenarten einzugehen, und dabei mögliche Unebenheiten in ihrem Charakter übersieht.

Die Aszendenten des Wassermann-Zeichens

Es kommt auch beim Wassermann darauf an, wie sehr die jeweiligen Aszendenten einige seiner Charaktereigenschaften verändern. Es handelt sich zwar um ein männliches Zeichen, das nach der Meinung von Astrologen aus dem Altertum sehr stabil ist, moderne Esoteriker haben jedoch festgestellt, dass die Stabilität hier manchmal ins Gegenteil verkehrt ist. Im Einzelnen sieht das dann so aus:

Aszendent Wassermann

Er lässt im gleichnamigen Tierkreiszeichen die Ideen nur so übersprudeln. Das soziale Engagement wird eher noch verstärkt. Wechselnden Umständen passt sich dieser doppelte Wassermann sehr geschickt an und kann darum vor allem im Berufsleben viel erreichen. Privat sind die Frauen und Männer aus dieser Uranus-Saturn-Mixtur fröhliche Menschen, die gern mit ihren Partnern lachen. Man sollte ihnen aber einigen Freiraum geben und niemals von ihnen verlangen, sich in jedem Fall unterzuordnen.

Leider fehlt es dem Wassermann/Aszendent Wassermann an der nötigen Ausdauer, wenn widrige Stellungen der Gestirne sein Horoskop verschlechtern. Dann macht er manchmal kurz vor Erreichen eines lohnenden Ziels Schluss und verliert dadurch möglicherweise eine bessere Stellung im Leben. Im Privatleben reagiert dieser doppelte Wassermann gern mit allzu großer Empfindlichkeit. Das kann zu heftigen Auseinandersetzungen führen und manchen Keil in eine feste Verbindung treiben.

Aszendent Fische

Der Aszendent Fische bringt mehr Gefühl ins Leben des verstandesbetonten Wassermanns. Trotzdem wird der Wassermann mit dem Aszendenten Fische sich im Leben durchsetzen können. Er ist sehr hilfsbereit und oft karitativ engagiert tätig. Dieser astrologische Mischtyp glaubt immer nur an das Gute im Menschen. Er ist daher der ideale Partner für eine feste Beziehung und setzt sich mit Vehemenz für die Familie und alle ein, die er liebt.

Der Wassermann/Aszendent Fische, dem einige Unebenheiten im Horoskop aufgrund schlechterer planetarischer Bedingungen vorausgesagt werden müssen, wird im Beruf oft nicht sehr erfolgreich sein, denn seine Leistungskurve fällt deutlich ab. Hier wird wohl der Schutzpatron der Fische, der Erfolgsplanet Jupiter, gegen die eher gegensätzlichen Wassermann-„Paten", Uranus und Saturn, kaum etwas ausrichten können. Saturn wird in solchem Fall nach Meinung bestimmter Astrologen privates Unrecht bringen, und Uranus kann ab und zu einmal schlimme Verspannungen auslösen.

Aszendent Widder

Er unterstützt die Neigung des Wassermanns zu plötzlichen Wechseln im Leben, die sich allerdings für das weitere Fortkommen meist als gut erweisen können. Der Wassermann mit dem Aszendenten Widder hat oft das Glück des Tüchtigen auf seiner Seite, weil er stets mit großem Elan eine Besserstellung im Leben anstrebt und zum eigenen Nutzen auch durchsetzt. Einige dieser Glückspilze werden sogar in berufliche Positionen aufsteigen, die ihnen aufgrund ihrer Vorbildung eigentlich gar nicht offenstehen würden. Leider konzentriert sich dieser Mischtyp oft zu sehr auf seinen Beruf, weshalb es ihm trotz großer Chancen beim anderen Geschlecht schwer fallen wird, einen geeigneten Partner fürs ganze Leben zu finden.

Bei dem von den Gestirnen etwas schlechter ausgestatteten Wassermann mit dem Aszendenten Widder kann es möglich sein, dass er hochfliegende Pläne nicht in die Tat umsetzen kann. Mit Macht will dieser Sternenmischling im Leben vorankommen, sieht sich dann aber vielleicht getäuscht, weil er ausgerechnet denen nicht sympathisch erscheint, die ihn fördern könnten. Im Privatleben strebt er zwar nach dem großen Glück, muss sich jedoch vielleicht am Ende mit dem ganz kleinen zufrieden geben.

Aszendent Stier

Dieser Aszendent fördert die Neigung des Wassermanns, sozial Schwächeren zu helfen. Der sehr gesellige Wassermann mit dem Aszendenten Stier findet überall Freundinnen und Freunde, die seine Freigebigkeit zu schätzen wissen. Dieser Mischtyp ist nie leichtsinnig und kann daher schon in jungen Jahren zu einem gewissen Wohlstand gelangen. Sein stetes Bedürfnis, harmonisch mit allen Mitmenschen auszukommen, verschafft ihm im zwischenmenschlichen Bereich schnell freundschaftliche Kontakte. Er strebt eine ideale Partnerschaft an.

Wenn schlechtere astrologische Aspekte den Lebenslauf des Wassermanns/Aszendent Stier kreuzen, wird dieser manchmal daran gehindert, seine durchaus vorhandenen Fähigkeiten gezielt einzusetzen. Negativ schlägt außerdem zu Buche, dass er Unannehmlichkeiten und schwierigen Problemen gern aus dem Weg geht. Dieser Mischtyp streitet immer wieder und versucht halsstarrig auf der eigenen Meinung zu bestehen, selbst wenn sie falsch ist. Auch privat schießt er oftmals übers Ziel hinaus.

Aszendent Zwillinge

Er sorgt beim Wassermann für zielgerichtetes Denken. Sein scharfer Verstand führt das astrologische Mischzeichen von Erfolg zu Erfolg. Der Wassermann mit dem Aszendenten Zwillinge schwört auf die Devise „Leben und leben lassen". Er ist sehr beliebt, weil er nie die Ellbogen einsetzt, um etwas zu erreichen. Das hat er auch gar nicht nötig. Seine überdurchschnittliche Begabung sorgt für seine Überlegenheit. Im zwischenmenschlichen Zusammenleben fasziniert dieser Mischtyp das andere Geschlecht. Frauen und Männer dieser astrologischen Mixtur verlieben sich schnell, auch wenn sie ihr Wollen manchmal verschleiern.

Nicht ganz so beliebt ist der Wassermann, der planetarische Widrigkeiten verkraften muss. Bei ihm bleibt das Denken meist an der Oberfläche. In diesem Fall wird der Wassermann mit dem

Aszendenten Zwillinge ohne Skrupel, aber doch mit großer Raffinesse den Lebenskampf aufnehmen. Er wird jedoch nicht immer gewinnen, weil die starken Gönner ihm bald die Gunst entziehen, da er unter Umständen sehr indiskret Betriebsgeheimnisse ausplaudert. Im Privatleben ist er zwar schnell bereit, eine enge Verbindung einzugehen, aber er kann sie ebenso schnell lösen, weil er längst ein anderes Verhältnis anpeilt.

Aszendent Krebs

Der Aszendent Krebs dämpft zwar die weltoffene Art des Wassermanns etwas, macht ihn aber nachdenklicher und für ein harmonisches Familienleben auch aufgeschlossener. Der Wassermann mit dem Aszendenten Krebs hegt viele tiefgründige Gedanken und hat hohe Ideale. Zeitweilig sondert er sich ab und versucht, in der selbst gewählten Einsamkeit über den Sinn des Lebens nachzudenken. Dann sollte man ihn in Ruhe lassen, bis er diese kurze schöpferische Phase überstanden hat. Dieser liebenswerte Mensch erreicht leider nicht immer das Ziel, das er anstrebt. Er braucht einen stets verständnisvollen Partner, der ihn von Zeit zu Zeit aufheitert.

Der von günstigen Aspekten nicht verwöhnte Wassermann mit dem Aszendenten Krebs hängt oft wirklichkeitsfernen Illusionen nach. Er sondert sich ab und weigert sich, im Strom der Zeit mitzuschwimmen. Dieser Mischtyp wird von Chefs oft zu negativ beurteilt, obwohl er sich bemüht, im Lebenskampf mit seinen durchsetzungskräftigeren Mitmenschen Schritt zu halten. Enge Bindungen, die er eingeht, werden nur zu oft von seinen Stimmungsschwankungen gestört.

Aszendent Löwe

Der Aszendent Löwe macht den Wassermann zum Kämpfer, der mit viel Herz und großem Verstand seine hoch gesteckten Ziele erreichen will. Soziale Gerechtigkeit ist für den Wassermann mit dem Aszendenten Löwe kein leeres Schlagwort, sondern eine Aufgabe, der er sich mit Energie widmet. Um anderen helfen zu können, wird er versuchen, zu Reichtum und Wohlstand zu gelangen. Das gelingt ihm auch dank seiner überdurchschnittlichen Intelligenz. Er sorgt stets dafür, dass trotz seines sozialen Engagements der Wohlstand der eigenen Familie nie zu kurz kommt.

Mancher Wassermann mit dem Aszendenten Löwe wird dieses positive Bild ins Gegenteil verkehren. Dieser bedauernswerte Mensch geriet wohl in planetarische Untiefen. Zwar wird er hochmütig auf alle seine Mitmenschen herabsehen, aber kaum die Ansprüche erfüllen, die er an sich selbst und das Leben stellt. Wie gut, wenn er einen Partner fände, der ihm ab und zu die Leviten liest.

Aszendent Jungfrau

Er vertieft die Denkfähigkeit des Wassermanns und lässt ihn besonders in wissenschaftlichen Berufen, aber auch im öffentlichen Leben Spitzenpositionen erreichen. Selbst ohne einschlägige Vorbildung wird der Wassermann mit dem Aszendenten Jungfrau bestrebt sein, auf der Karriereleiter ganz nach oben zu klettern. Trotz einer manchmal labilen Gesundheit erreicht dieser astrologische Mischling oft ein hohes Alter. Übrigens heiratet er manchmal erst spät – oder möglicherweise überhaupt nicht, wenn er den richtigen Partner aus der großen Zahl seiner Verehrer nicht finden wird.

Sehr empfindlich reagiert der Wassermann/Aszendent Jungfrau auf scheinbare Krankheitssymptome, wenn ein schief gestellter Planet sein Horoskop negativ füllt. Tatsächlich kann ihm daraus gesundheitlicher Schaden entstehen. Er lässt sich dann gern bedauern, aber seine Psyche leidet weiter. Dass sein beruflicher Aufwärtstrend bei solcher Sachlage manchmal ins Gegenteil verkehrt wird, liegt auf der Hand. Im Privatleben wirkt er oft recht gefühllos.

Aszendent Waage

Der Aszendent Waage schenkt dem Wassermann eine gehörige Portion Charme. Das erklärt, warum der Wassermann mit dem Aszendenten Waage im zwischenmenschlichen Bereich große Erfolge erzielen kann. Sein Streben nach Harmonie lässt ihn zum Liebling der Gesellschaft werden. Eher wegen seines freundlichen Wesens als aufgrund seines willensstarken Auftretens hat er auch im Berufsleben stets Gönner, die ihn fördern. Sein Schönheitssinn kommt ihm vor allem in einem künstlerischen Beruf sehr zustatten.

Trotz hoher Ideale hat der weniger gut von planetarischen Mächten begünstigte Wassermann mit dem Aszendenten Waage mitunter zu leiden. Er verzettelt sich gern und erreicht dann – wenn überhaupt – nicht immer das, was er sich vorgenommen hatte. Leichtsinn ist die Devise seines Lebens. Allzu große Sinnlichkeit stört im Intimleben ja bekanntlich selbst glückliche Partnerschaften.

Aszendent Skorpion

Er treibt den durchsetzungsstarken Wassermann zu immer neuen Taten an. Der Wassermann mit dem Aszendenten Skorpion ist ein Praktiker, der selbst schwierige Probleme bewältigt und dabei immer einen kühlen Kopf bewahrt. Trotz großer Erfolge wird er aber stets menschlich bleiben, was ihm viele Freunde verschafft, die ihm gern helfen, wenn er ihrer Hilfe bedarf. Er ist ein begehrter Liebhaber. Frauen wie Männer dieses astrologischen Mischzeichens können reizend sein zu denen, die sie lieben.

Der schlecht bestrahlte Wassermann-Skorpion-Typ gilt als nahezu rücksichtsloser Verfechter revolutionärer Ideen. Gefühl ist nicht seine Sache. Seine Mitmenschen fürchten seine sarkastische Art. Er ist nicht immer beliebt. In der Liebe ist er nicht allzu zuverlässig, weil er gern die Fronten wechselt. Trotzdem ist er eifersüchtig.

Aszendent Schütze

Der Aszendent Schütze unterstützt das ständige Freiheitsstreben des Wassermanns und betont seinen Hang zur freien Entfaltung der Persönlichkeit. Der Wassermann mit dem Aszendenten Schütze hilft gern denjenigen Menschen, die nicht so durchsetzungsfähig sind wie er selber. Mit geradezu überschäumender Lebensfreude geht er die Liebe an, wobei er jedoch eine innere Distanz aufrechterhält.

Im anderen Fall, wenn also die Sterne nicht so günstig für ihn stehen, zeichnet den Wassermann mit dem Aszendenten Schütze sehr viel starrer Eigensinn aus. Dieser negativ geschilderte Wassermann gibt nicht viel auf die Meinung seiner Mitmenschen. Er ist und bleibt ein Egoist. Oft zerredet er leichtsinnig, was sich himmelhoch jauchzend anbahnte. Seine Urteilskraft ist beschränkt. Und deshalb wendet er sich manchmal Menschen zu, die nicht immer sein Bestes wollen. Er verliebt sich oft, spielt aber gern den Wechselbalg, der nicht treu sein kann.

Aszendent Steinbock

Dieser Aszendent holt den fantasievollen Wassermann auf die Erde zurück. Er schenkt ihm Konzentration und Beharrlichkeit im Verfolgen der eigenen nützlichen Pläne und Ideen. Der Wassermann mit dem Aszendenten Steinbock strebt zielsicher und nüchtern stets den Erfolg an und gelangt dann eher als mancher seiner Konkurrenten zu finanziellem Wohlstand. Oft bleibt er der Einzelkämpfer, für den es nur wichtig ist, einer guten Sache zu dienen. Schwierig wird für ihn die Suche nach dem passenden Partner fürs Leben, da ihm sein Engagement für Not leidende Menschen wenig Zeit lässt. Frauen wie Männer aus diesem astrologischen Mischzeichen werden aber am Ende doch glücklich werden.

Ungünstige planetarische Bedingungen zeichnen einen anderen Typ aus dem Wassermann-Zeichen mit dem Aszendenten

Steinbock. Auch er hat gute Ideen, wie er sich und seinen Mitmenschen aufhelfen kann. Aber leider wird er manchmal sogar von seinen besten Freunden enttäuscht, weil sie nicht so sozial empfinden wie er selbst. So kommt es bei ihm zu Depressionen, die ihn psychisch schädigen. Und er wird zu einem Menschen, der jedem misstraut.

Die Traumwelt der Fische

Die Fische-Menschen (20. Februar bis 20. März) bringt so leicht nichts um. Wenn es zu haarig wird, flüchten sie sich in eine Traumwelt und schöpfen aus dem Unbewussten Kraft für neue Taten. Wer glaubt, in diesem astrologisch weiblichen Zeichen würde nur das Gemüt regieren, sieht sich bald getäuscht: Ein Fische-Mensch kann forsch zur Sache kommen. Nur die Ellbogen wird er nie einsetzen, um lästige Konkurrenten hinwegzuschubsen.

Sein Element ist das Wasser, das ein triebhaftes An- und Abschwellen der Gefühle versinnbildlicht. In diesem Zeichen werden Emotionen aufgebaut, aber das melancholische Temperament des Fische-Geborenen sorgt dafür, dass alles wieder ins rechte Fahrwasser gelangt. Er kann nie grollen.

An seiner Wiege standen gleich zwei Paten, die auf seine Entwicklung Einfluss nahmen. Vom Planeten Jupiter hat der Fische-Mensch die Fähigkeit, seinen Erfolg genau zu planen, wobei er freilich immer wieder auch auf sein nahezu sprichwörtliches Glück baut. Unterm Jupiter wird die eigene Aktivität angestachelt und – wichtig im Fische-Zeichen! – das Durchsetzungsvermögen gefördert.

Das Patengeschenk des Planeten Neptun ist die rege Fantasie und die fast geniale Fähigkeit, selbst schwierige Probleme auf einfachste Art und Weise zu lösen. Zwar ist hier auch von einem Hang zum Revoluzzertum die Rede, aber das weicht im Allgemeinen bald einer vernünftigen Lebenseinstellung. Geheimnisse behält der Fische-Geborene gern für sich und grenzt sich gegen jeden ein wenig ab.

Die Gefühle eines Fische-Menschen werden oft verletzt. Das erregt ihn so, dass es zu nervösen Spannungen kommen kann, die gesundheitliche Störungen nach sich ziehen. Die Ruhe, die dieser Schützling des Jupiters und des Neptuns ausstrahlt, ist manchmal nur eine Maske. Bei vielen Fische-Geborenen wurde Blutarmut festgestellt. Besonders labile Fische-Typen greifen, wenn es zu arg kommt, zum „Trostspender" Alkohol, die meisten aber ziehen sich mit Jupiters Unterstützung am eigenen Schopf aus dem Sumpf.

Großzügig geben Fische-Menschen Geld aus, wobei sie auch nicht den Einsatz bei Lotterie und Lotto vergessen in der Hoffnung, es mit viel Glück auf diesem Wege zu vermehren. Mit zunehmender Erfahrung aber müssen auch sie einsehen, dass das Glück nur dem Tüchtigen gehört. Und so setzen sie sich ein und schaffen eventuell schneller als ihre ellbogenstarken Kollegen der anderen Sternzeichen den Aufstieg.

Das Verlangen nach umfassender Sicherheit lässt sie gern Berufe mit Pensionsberechtigung ergreifen; in Ämtern und Behörden machen sie ihren Weg. Ihre fürsorgliche und hilfsbereite Art können sie in Krankenhäusern und im Entwicklungsdienst erfolgreich anwenden, ebenso in der Seelsorge. Von viel Fantasie ist ihr Erzähltalent beflügelt, und in den Künsten wird ihre Einfühlsamkeit gelobt. Aber auch als selbstständige Kaufleute haben sie Erfolg, weil die Kunden ihr freundliches Entgegenkommen schätzen.

Den Fische-Menschen wird ein Hang zum Mystischen nachgesagt; in der Parapsychologie fühlen sich viele von ihnen zu Hause. Im Gegensatz dazu stehen ihre mathematische Begabung und die Akribie, mit der sie zum Beispiel Forschungen auf dem Gebiet der Naturwissenschaften vorantreiben können. Als Computerfachleute sind sie überall gesuchte Kräfte.

Niemand reagiert so sensibel wie die Fische-Frau. Sie ist sanft und charmant und kann eigentlich niemandem etwas zuleide tun. Im intimen Bereich setzt sie mit weiblicher Schläue Tränen als Waffe ein. Kein Mann kann sie heulen sehen. Und trotzdem bleibt sie für jeden ein Rätsel. Aber das macht sie für die Herrenwelt ja erst so interessant. Leicht kann man ihre zarten

Gefühle verletzen. Doch sie wird nie lange grollen, weil es ihr sogar körperlich weh tut, wenn sie mit ihrer Umwelt im Streit steht.

Eine Fische-Frau verliebt sich möglicherweise recht schnell, aber danach kann es eine ganze Weile dauern, bis sie sich entscheidet, weil sie im Unbewussten immer noch auf den Märchenprinzen wartet, der sie auf sein Traumschloss entführt. Da solche Freier in unseren Tagen jedoch sehr selten sind, muss sie dann doch mit einem irdischen Mann vorlieb nehmen, dem sie manches Märchen vorgaukeln wird.

Die Frauen aus dem dualen Zeichen, dessen beide Wappentiere stets in entgegengesetzter Richtung davon zu schwimmen scheinen, können sehr wohl auf eigenen Beinen stehen, werden aber einem Mann zuliebe, den sie gern haben, sogar auf Beruf und Karriere verzichten, obwohl ihre hausfraulichen Talente unterschiedlich beurteilt werden.

Auch der Fische-Mann schiebt endgültige Entscheidungen auf der privaten Ebene gern hinaus. Er wartet immer auf die große Liebe und muss nach vielen Versuchen endlich feststellen, dass es eine Idealfrau kaum gibt. Seine Einfühlsamkeit und Zärtlichkeit lassen ihn dann doch eine Partnerin finden, mit der er eine Familie gründen kann.

Die Frau, die mit ihm zusammenlebt, muss viel Geduld haben; denn zeitweilig ist er nicht ansprechbar. Er trägt nicht gern Sorgen und Nöte aus dem Beruf ins Privatleben hinein. Hier erweist er sich manchmal als der große Schweigsame, obwohl er sonst ein recht diskutierfreudiger Zeitgenosse ist.

Als Kavalier der alten Schule ist er ein galanter Liebhaber, der freilich mit dem kleinen Fehler behaftet ist, dass er seinen Charme auch außer Haus spielen lässt.

Die Ehefrau, die da eifersüchtig reagieren mag, sollte bedenken, dass die Treue eines Fische-Mannes oft starken Prüfungen unterworfen ist, und versuchen, durch steten Beweis ihrer Liebe und Eingehen auf seine Hobbys mögliche Konkurrenz erst gar nicht aufkommen zu lassen oder auch beizeiten aus dem Feld zu räumen.

Die Aszendenten des Fische-Zeichens

Gerade bei den Fische-Menschen ist der ihnen zugeordnete Aszendent wegen ihrer nicht allzu ausgeprägten Durchsetzungskraft von besonderer Bedeutung. Er verkehrt bei labilen Menschen aus dem Fische-Zeichen einige Charaktereigenschaften des Öfteren auch mal ins Gegenteil. Im Einzelnen sieht das dann so aus:

Aszendent Fische

Er verstärkt meistens die fischetypischen Eigenschaften noch. Die doppelten Fische verfügen im Allgemeinen über eine beachtliche Intelligenz und sehr viel Gefühl. Das allein schon würde diesen Mischtyp zum perfekten Gesellschafter machen, wären da nicht diese zögernde Zurückhaltung und zeitweilige Passivität, die manchmal auch in Depressionen zum Ausdruck kommen. In den meisten Fällen wandern diese Fische mit dem Aszendenten Fische voll Heiterkeit durchs Leben und haben auch keine Probleme, einen verständnisvollen Partner zu finden und zu halten.

Bei schlechten Konstellationen verführt der nicht sehr ausgeprägte Wille zu unkontrollierten Handlungen. Die Durchsetzungskraft ist auf jeden Fall beschränkt. In diesem Fall macht sich bei Frauen und Männern aus dem Fische-Zeichen viel Lethargie breit. Manch falsche Träne wird vergossen, um den Partner im eigenen Sinn umzustimmen. Und treu ist der von schlechten astrologischen Aspekten heimgesuchte Fisch mit dem Aszendenten Fische auch nicht immer.

Aszendent Widder

Der Aszendent Widder wird aus dem Fische-Geborenen in vielen Fällen einen stets entschlossenen Menschen machen. Fische mit dem Aszendenten Widder verfolgen energisch ihr Berufsziel, auch wenn sie häufig zu viel Energie für Unwesentliches verschwenden. Der richtige Partner kann ihnen das Rückgrat stärken und so manchmal den erhofften Erfolg doch sichern. Trotz der Widder-Komponente ist dieser astrologische Mischling sehr familiär und durchaus treu.

Schon ein einziger planetarischer Aspekt wird dieses positive Bild trüben. Dann nämlich kann der stärkere Aszendent Widder zum Beispiel gegen die typische Fische-Eigenart nichts ausrichten, in entscheidenden Augenblicken des Lebens ein wenig zu zaudern. Von den Fischen mit dem Aszendenten Widder wird mancher gute Vorsatz über den Haufen geworfen und so lange gezögert, bis die Erfolgsaussichten mehr und mehr im Nebel verschwinden. Im Privatleben ist dieser negative Typ nicht immer treu.

Aszendent Stier

Er sorgt für Glück und Zufriedenheit im Fische-Zeichen. Mit dem Fische-Menschen/Aszendent Stier kann jeder gut zusammenleben. Er ist die Güte in Person. Nur im Beruf müsste er mehr aus sich herausgehen und den Ehrgeiz beweisen, dass er sich durchsetzen kann. Der Mischtyp strebt auch in diesem Fall nach totaler Harmonie. Konkurrenten haben es jedoch leicht, ihn aus dem Felde zu schlagen. Was macht's? Frauen und Männer aus dem Fische-Zeichen mit dem Aszendenten Stier haben eben andere Qualitäten.

Der Aszendent Stier könnte bei negativem Stand der Gestirne die labilen Züge eines Fische-Menschen noch verstärken, wenn er zu sehr mit dem Kopf durch die Wand will. Hier wird ein altes Übel hochgespielt: Fische mit dem Aszendenten Stier trauen sich selbst zu wenig zu und vertrauen anderen zu sehr. Zwar wissen auch sie das Geld zu schätzen. Leider bleibt ihnen in der Regel zum Sparen nicht allzu viel übrig.

Aszendent Zwillinge

Der Aszendent Zwillinge versorgt den Fische-Menschen mit hochfliegenden Plänen. Leider weiß man jedoch nie so genau, wie man ihn dann wieder aus den Wolken zurückholen soll. Aber die Fische mit dem Aszendenten Zwillinge werden es schon richten. Sie zeichnen sich durch Intelligenz aus, die sie im Beruf zu ihrem Vorteil zu nutzen wissen. Die Heiterkeit, mit der sie den so genannten Ernst des Lebens stets überspielen wollen, bestimmt auch ihr Privatleben. Man schätzt sie als gute Kameraden und kann sich auf sie verlassen.

Bei negativen astrologischen Aspekten sind die Fische/Aszendent Zwillinge leicht auch im schlechten Sinn zu beeinflussen. Da könnten ihre Konkurrenten Morgenluft wittern und ihnen durch simple Tricks den Weg zur Karriere verbauen. In der Liebe sind diese nicht so gut bestrahlten Fische-Zwillinge-Mischlinge ein wenig unbeständig, zumal sie sich nicht so recht für diesen oder jenen Partner entscheiden können.

Aszendent Krebs

Er legt zwar beim Fische-Geborenen kaum zusätzliche Energien frei, sorgt jedoch trotzdem dafür, dass dieser nicht unbesonnen handelt. Die Fische mit dem Aszendenten Krebs sind überaus gefühlvolle Menschen, die in einer guten Partnerschaft ihr Lebensziel sehen. Sie träumen viel in den Tag hinein, doch der Krebs holt den Fische-Menschen immer wieder aus seinen Luftschlössern in die Wirklichkeit zurück. Im Beruf kommt der Fisch/Aszendent Krebs gut voran und sichert sich seinen Lebensunterhalt fast spielerisch. Der Sternenmischling muss im Laufe seines meist fröhlichen Lebens zwar manches Ideal opfern, aber er gleicht in einer glücklichen Familie alles, was negativ wirken könnte, wieder zu seinem eigenen Vorteil aus.

Stehen die Planeten ungünstig für den Fisch/Aszendent Krebs, wird der eigene Wille deutlich abgeschwächt sein. Er reagiert überempfindlich selbst auf gut gemeinte Ratschläge. Mit seinen Launen gilt er bei vielen seiner Mitmenschen als jemand, den man besser meiden sollte. Dabei sind die Frauen und Männer, die unter schlechten planetarischen Bedingungen sichtlich „geschlaucht" werden, eigentlich gar nicht so, wie sie sich nach außen hin darstellen. Sie lassen sich in langjähriger Partnerschaft sogar leicht erziehen.

Aszendent Löwe

Dieser Aszendent setzt die gut durchdachten Pläne und Ideen des Fische-Menschen in die Wirklichkeit um. Da ist kein Zögern mehr! Schier Unmögliches wird oft möglich gemacht. Die Fische mit dem Aszendenten Löwe werden es am ehesten zu etwas bringen, weil sie oftmals versuchen, selbst Gegner für sich einzunehmen. Die Frauen und Männer aus diesem Mischzeichen schinden Eindruck beim jeweils anderen Geschlecht und werden als liebenswerte Partnerinnen und Partner hoch gelobt.

Bei weniger guten planetarischen Aspekten geben sich die Fische-Typen mit dem Aszendenten Löwe anders. So räumen sie Konkurrenten mit oft unfairen Mitteln aus dem Weg. Hochmut und Überheblichkeit sind ihre Schwachstellen. In der Partnerschaft wollen sie stets allein das Sagen haben. Hier stellt sich ein purer Egoist vor.

Aszendent Jungfrau

Der Aszendent Jungfrau mischt den Fische-Menschen sichtlich auf. Bei ihm wird immer realitätsbezogenes Denken und viel Verantwortungsbewusstsein ins Spiel gebracht. Das räumt manche Schwierigkeiten aus dem Weg und sorgt dafür, dass die Fische mit dem Aszendenten Jungfrau im Beruf Hervorragendes leisten. Manchmal verzichten sie allerdings auf Spitzenpositionen, weil sie glauben, im zweiten Glied nützlichere Arbeit zu leisten. Da sie ihr Leben recht nüchtern angehen, bleiben ihnen Enttäuschungen erspart. Wenn diese astrologischen Mischlinge – oft erst in späteren Jahren – heiraten, steht die eigene Familie im Mittelpunkt. Und was das Beste ist: Sie sind in den meisten Fällen ein Leben lang treu.

Pedantische Genauigkeit herrscht bei den Fischen/Aszendent Jungfrau vor, wenn sie unter einem ungünstigen Gestirn geboren wurden. Gefühl ist bei ihnen nicht mehr so wichtig, wenn nur die Kasse stimmt. Sie sind die einzigen Fische-Mischlinge, die geizig sind. Sie denken sich alle möglichen Krankheitszustände aus, um von ihren Mitmenschen bedauert zu werden. Sie diskutieren gern, lassen jedoch nur die eigene Meinung gelten. In den zwischenmenschlichen Beziehungen wird oft gewechselt. Diese Fische nörgeln an allem und jedem herum und merken gar nicht, dass sich selbst gute Freunde von ihnen eines Tages abwenden werden.

Aszendent Waage

Er fördert die künstlerische Ader und den Schönheitssinn eines Fische-Geborenen. Die lässige Eleganz, mit der die Fische/Aszendent Waage in der Öffentlichkeit auftreten, findet genug Bewunderer, die gern mit diesem Sternenmischling verkehren. Niemand kann eine Untiefe in seiner Seele so charmant verschleiern wie dieser Fische-Typ, der sich oft verliebt und jedesmal glaubt, den idealen Partner gefunden zu haben. Und dann lernt er einen anderen kennen, der ihm noch mehr zusagt. Er hat immer den Willen, sein ganzes Leben lang treu zu bleiben, aber so ganz gelingt ihm das nie.

Leider ist der negative, von schlechten Aspekten verfolgte Typ dieses Fische-Menschen/Aszendent Waage nicht sehr entschlussfreudig. Er zögert wichtige Entscheidungen oft bis zum Sankt-Nimmerleins-Tag hinaus. Um im Beruf weiterzukommen, schmeichelt er sich manchmal bei denen ein, die zu bestimmen haben. Er verbündet sich auch gern mit denen, die mit ihm schmusen.

Aszendent Skorpion

Er erhöht bei den Fischen das Durchsetzungsvermögen. Das sichert ihren Erfolg im Berufsleben. Unbewusst wird das Richtige von ihm erfasst und zukunftsträchtig angewandt. Die Fische mit dem Aszendenten Skorpion schweigen immer im rechten Augenblick und können sich daher nicht so leicht in die Nesseln setzen. Schönster Zug dieses Mischtyps: Er hängt sehr an seiner Familie, setzt jedoch auch dort seinen Willen durch. Er liebt seinen Partner über alles, vereinnahmt ihn aber als sein Eigentum. Wer sich das gefallen lässt, wird bei ihm wohl glücklich werden.

Bei dem von unguten Planeten vereinnahmten Fische-Menschen mit dem Aszendenten Skorpion kommt das Gefühl manchmal zu kurz. Er kann sich auch rücksichtslos den Weg nach oben erkämpfen. Frauen und Männer aus diesem astrologischen Mischzeichen reden nicht erst viel, sondern handeln gleich. Ihnen ist es egal, ob sie dabei einem guten Freund Schaden zufügen. Bei einigen aus dem Fische-Zeichen mit dem Aszendenten Skorpion herrschen Neid und Missgunst vor. Partner, die sich nicht fügen wollen, werden eifersüchtig verfolgt. Sie brauchen eben jemanden, der öfter mal Kontra gibt.

Aszendent Schütze

Dieser Aszendent verstärkt den Jupiter-Einfluss bei den Fischen, die oft mehr Glück als Verstand haben. Die Fische/Aszendent Schütze möchten Großes erreichen und ihre Ideale in die Tat umsetzen. Die Abenteuerlust des Schützen setzt sich bei den Fischen nicht so recht durch. Sie möchten in ihren Entscheidungen gern frei bleiben. Dieser Mischtyp liebt ausschweifende und tiefsinnige Debatten, kann jedoch auch zuhören. Wegen seines charmanten Wesens hat er viel Erfolg beim anderen Geschlecht. In einer festen Beziehung sind die Frauen und Männer aus dem Fische-Schütze-Zeichen treu und zuverlässig. Sie hängen allesamt sehr an ihrer Familie.

Bei negativen planetarischen Einflüssen ist das Ich manchmal zu stark betont. Das Mitteilungsbedürfnis ist so groß, dass es nicht einmal vor Geheimnissen Halt macht. Vielfach wurde im schlechter beurteilten Fische-Zeichen mit dem Aszendenten Schütze maßlose Genusssucht beobachtet. Liebe wird von diesen Fische-Menschen manchmal nicht allzu ernst genommen.

Aszendent Steinbock

Er macht den Fische-Menschen ein wenig zu ernst und lässt zu, dass dieser sich von Zeit zu Zeit überarbeitet, um Karriere zu machen. Im privaten Bereich sind die Fische mit dem Aszendenten Steinbock allem gegenüber aufgeschlossen, was der Familie dient. Sie sind Idealisten, die meinen, was sie sagen. Vielleicht gerade deswegen haben sie nur wenige gute Freunde.

Wenn die Sterne zur Geburtsminute weniger günstig standen, wird die Arbeit bei den Fischen mit dem Aszendenten Steinbock allzu oft mit Überstunden ausgedehnt. Dabei wird möglicherweise die Gesundheit in Mitleidenschaft gezogen. Besser wäre es für sie, wenn sie öfter mal richtig abschalten und dadurch ihre Energien erneuern würden. Aber in diesem Fall sind sie meist genauso uneinsichtig wie im Finanziellen. Auch hier übertreiben sie es in puncto Sparsamkeit.

Aszendent Wassermann

Dieser Aszendent verstärkt die guten Grundsätze der Fische, ihre Toleranz und ihr Mitgefühl. Bei den Fische-Menschen/Aszendent Wassermann wird mit Strenge gegen sich selbst und – wenn nötig – auch gegen andere gehandelt. Viele Genies wurden unter diesem astrologischen Mischzeichen geboren. Fische-Wassermann-Menschen haben ein Herz für alle Leute, die sozial benachteiligt sind. Im Privatleben werden Frauen und Männer aus diesem Mischzeichen umschwärmt. Trotzdem suchen sie in den zwischenmenschlichen Beziehungen lange, bis sie endlich den vermeintlich richtigen Partner gefunden haben.

Bei schlechten Konstellationen können die Fische-Menschen mit dem Aszendenten Wassermann im Beruf auch mal rücksichtslos sein und egoistisch vorgehen. Sie treiben gern andere an, um selber passiv bleiben zu können. Im Privatleben wird manche falsche Träne vergossen, um den Partner im eigenen Sinn umzustimmen. Wenn dieser nicht pariert, sucht man sich eben einen anderen. Oder man bleibt allein und führt ein ausschweifendes Leben.

So berechnen Sie Ihren Aszendenten

Der Sonnenstand zur Geburtsminute eines Menschen ist bekannt. Wir wollen nun anhand von Beispielen die wichtigsten Punkte in einem Horoskop berechnen.

Neben Ihrem Geburtsdatum, der Geburtsminute und dem Geburtsort ist es zunächst erforderlich, dass Sie auch die genaue Ortszeit Ihrer Geburt kennen. In Tabelle 1 (Seite 154 f.) finden Sie deshalb die für Ihren Geburtsort zutreffende Zeitkorrektur. Sollten Sie Ihren Geburtsort nicht unter den angegebenen Städten vorfinden, dann nehmen sie einfach die Korrektur für die Ihrem Geburtsort nächstgelegene Stadt vor. Bei dem Vorzeichen Plus (+) müssen Sie die Minutenzahl zu Ihrer Geburtszeit hinzuzählen, entsprechend bei dem Vorzeichen Minus (-) die angegebene Minutenzahl abziehen.

Eine weitere Korrektur Ihrer Geburtszeit müssen Sie vornehmen, wenn Sie an einem Tag geboren wurden, an dem in Deutschland, Österreich oder in der Schweiz Sommerzeiten galten.

In **Deutschland** gab es in den folgen Zeitabschnitten Sommerzeiten:

30. 4. 1916, 23 Uhr bis 1. 10. 1916, 1 Uhr (+ 1 Stunde)
16. 4. 1917, 2 Uhr bis 17. 9. 1917, 3 Uhr (+ 1 Stunde)
15. 4. 1918, 2 Uhr bis 16. 9. 1918, 3 Uhr (+ 1 Stunde)
1. 4. 1940, 2 Uhr bis 2. 11. 1942, 3 Uhr (+ 1 Stunde)
29. 3. 1943, 2 Uhr bis 2. 10. 1943, 3 Uhr (+ 1 Stunde)
3. 4. 1944, 2 Uhr bis 4. 10. 1944, 3 Uhr (+ 1 Stunde)
2. 4. 1945, 2 Uhr bis 16. 9. 1945, 2 Uhr (+ 1 Stunde)

Nur in Berlin und sowjetisch besetzter Zone:
24. 5. 1945, 2 Uhr bis 24. 9. 1945, 3 Uhr (+ 2 Stunden)
24. 9. 1945, 3 Uhr bis 18. 11. 1945, 3 Uhr (+ 1 Stunde)

14. 4. 1946, 2 Uhr bis 7. 10. 1946, 3 Uhr (+ 1 Stunde)
6. 4. 1947, 3 Uhr bis 11. 5. 1947, 3 Uhr (+ 1 Stunde)
11. 5. 1947, 3 Uhr bis 29. 6. 1947, 3 Uhr (+ 2 Stunden)
29. 6. 1947, 3 Uhr bis 5. 10. 1947, 3 Uhr (+ 1 Stunde)
18. 4. 1948, 2 Uhr bis 3. 10. 1948, 3 Uhr (+ 1 Stunde)
10. 4. 1949, 2 Uhr (in der sowjetisch besetzten Zone 3 Uhr)
bis 2. 10. 1949, 3 Uhr (+ 1 Stunde)

In Österreich galten von 1916 bis 1918 und 1940 bis 1944 sowie 1946 bis 1948 die gleichen Sommerzeiten wie in Deutschland, aber zusätzlich:
28. 4. 1919, 2 Uhr bis 29. 9. 1919, 3 Uhr (+ 1 Stunde)
5. 4. 1920, 2 Uhr bis 13. 9. 1920, 3 Uhr (+ 1 Stunde)
2. 4. 1945, 2 Uhr bis 18. 11. 1945, 3 Uhr (+ 1 Stunde)

In der **Schweiz** galten von 1916 bis 1918 die gleichen
Sommerzeiten wie in Deutschland, aber:
5. 5. 1941, 2 Uhr bis 6. 10. 1941, 3 Uhr (+ 1 Stunde)
4. 5. 1942, 2 Uhr bis 5. 10. 1942, 3 Uhr (+ 1 Stunde)

In **Deutschland, Österreich** und in der **Schweiz** gelten seit
1980 folgende Sommerzeiten:
6. 4. 1980, 2 Uhr bis 28. 9. 1980, 3 Uhr (+ 1 Stunde)
29. 3. 1981, 2 Uhr bis 27. 9. 1981, 3 Uhr (+ 1 Stunde)
28. 3. 1982, 2 Uhr bis 26. 9. 1982, 3 Uhr (+ 1 Stunde)
27. 3. 1983, 2 Uhr bis 25. 9. 1983, 3 Uhr (+ 1 Stunde)
25. 3. 1984, 2 Uhr bis 30. 9. 1984, 3 Uhr (+ 1 Stunde)
31. 3. 1985, 2 Uhr bis 29. 9. 1985, 3 Uhr (+ 1 Stunde)
30. 3. 1986, 2 Uhr bis 28. 9. 1986, 3 Uhr (+ 1 Stunde)
29. 3. 1987, 2 Uhr bis 27. 9. 1987, 3 Uhr (+ 1 Stunde)

27. 3. 1988, 2 Uhr bis 25. 9. 1988, 3 Uhr (+ 1 Stunde)
26. 3. 1989, 2 Uhr bis 24. 9. 1989, 3 Uhr (+ 1 Stunde)
25. 3. 1990, 2 Uhr bis 30. 9. 1990, 3 Uhr (+ 1 Stunde)
31. 3. 1991, 2 Uhr bis 29. 9. 1991, 3 Uhr (+ 1 Stunde)
29. 3. 1992, 2 Uhr bis 27. 9, 1992, 3 Uhr (+ 1 Stunde)
28. 3. 1993, 2 Uhr bis 26. 9. 1993, 3 Uhr (+ 1 Stunde)
27. 3. 1994, 2 Uhr bis 25. 9. 1994, 3 Uhr (+ 1 Stunde)
26. 3. 1995, 2 Uhr bis 24. 9. 1995, 3 Uhr (+ 1 Stunde)
31. 3. 1996, 2 Uhr bis 27. 10. 1996, 3 Uhr (+ 1 Stunde)
30. 3. 1997, 2 Uhr bis 26. 10. 1997, 3 Uhr (+ 1 Stunde)
29. 3. 1998, 2 Uhr bis 25. 10. 1998, 3 Uhr (+ 1 Stunde)
28. 3. 1999, 2 Uhr bis 31. 10. 1999, 3 Uhr (+ 1 Stunde)
26. 3. 2000, 2 Uhr bis 29. 10. 2000, 3 Uhr (+ 1 Stunde)
25. 3. 2001, 2 Uhr bis 28. 10. 2001, 3 Uhr (+ 1 Stunde)
24. 3. 2002, 2 Uhr bis 27. 10. 2002, 3 Uhr (+ 1 Stunde)

Sollte Ihr Geburtstag unter eine dieser Zeiten fallen, müssen Sie, wie schon beschrieben, eine Stunde von der Geburtszeit abziehen, bei doppelter Sommerzeit zwei Stunden.

Nun kennen Sie die Ortzeit der Geburt. Als Nächstes müssen Sie in der Sternzeittabelle die für den Geburtstermin angegebene Sternzeit (Tabelle 2, Seite 156 f.) heraussuchen. Die Sternzeit vom 15. Januar beträgt zum Beispiel 7 Uhr 33 Minuten. Jetzt müssen Sie nur noch die errechnete Ortzeit und die gefundene Sternzeit addieren. Diese Zeit finden Sie in Tabelle 3 (Seite 158 f.) unter der für den gesuchten Geburtsort (Tabelle 1) angegebenen Breitengradzahl, und damit ist Ihnen der Aszendent bekannt.

Tabelle 1: Berechnung der Ortszeit

Aachen (51°)	-36 Min.	Bern (47°)	-29 Min.
Augsburg (48°)	-16 Min.	Bielefeld (52°)	-26 Min.
Baden-Baden (49°)	-27 Min.	Bonn (51°)	-31 Min.
Bamberg (50°)	-16 Min.	Braunschweig (52°)	-18 Min.
Basel (48°)	-30 Min.	Bregenz (47°)	-21 Min.
Berlin (53°)	-6 Min.	Bremen (53°)	-25 Min.

Breslau (51°)	+8 Min.	Leipzig (51°)	-10 Min.
Chemnitz (51°)	-8 Min.	Lienz (47°)	-9 Min.
Danzig (54°)	+15 Min.	Lindau (47°)	-21 Min.
Donaueschingen (48°)	-26 Min.	Linz/Donau (48°)	-3 Min.
Dortmund (52°)	-30 Min.	Lübeck (54°)	-17 Min.
Dresden (51°)	-5 Min.	Luxemburg (50°)	-35 Min.
Düsseldorf (51°)	-33 Min.	Luzern (47°)	-27 Min.
Duisburg (51°)	-33 Min.	Magdeburg (52°)	-13 Min.
Emmerich (52°)	-35 Min.	Mainz (50°)	-27 Min.
Essen (51°)	-32 Min.	Mannheim (49°)	-26 Min.
Flensburg (55°)	-22 Min.	München (48°)	-14 Min.
Frankfurt/Main(50°)	-25 Min.	Münster (52°)	-30 Min.
Freiburg (48°)	-29 Min.	Nürnberg (49°)	-16 Min.
Garmisch (47°)	-16 Min.	Oldenburg (53°)	-27 Min.
Genf (46°)	-35 Min.	Osnabrück (52°)	-28 Min.
Göttingen (51°)	-20 Min.	Passau (49°)	-6 Min.
Graz (47°)	+2 Min.	Regensburg (49°)	-12 Min.
Halle (52°)	-12 Min.	Rostock (54°)	-12 Min.
Hamburg (54°)	-20 Min.	Saarbrücken (49°)	-32 Min.
Hannover (52°)	-21 Min.	Salzburg (48°)	-8 Min.
Heidelberg (49°)	-25 Min.	St. Gallen (47°)	-22 Min.
Hof (50°)	-12 Min.	Straßburg (49°)	-29 Min.
Innsbruck (47°)	-14 Min.	Stuttgart (49°)	-23 Min.
Jena (51°)	-14 Min.	Trier (50°)	-33 Min.
Kaiserslautern (49°)	-29 Min.	Tübingen (49°)	-24 Min.
Karlsruhe (49°)	-26 Min.	Ulm (48°)	-20 Min.
Kassel (51°)	-22 Min.	Villach (47°)	-4 Min.
Kiel (54°)	-20 Min.	Weimar (51°)	-15 Min.
Klagenfurt (47°)	-3 Min.	Westerland/Sylt (55°)	-27 Min.
Koblenz (50°)	-26 Min.	Wien (48°)	+6 Min.
Köln (51°)	-32 Min.	Wiesbaden (50°)	-27 Min.
Königsberg (55°)	+22 Min.	Würzburg (50°)	-20 Min.
Konstanz (48°)	-23 Min.	Wuppertal (51°)	-31 Min.
Lausanne (46°)	-33 Min.	Zürich (47°)	-26 Min.

Tabelle 2: Sternzeit

Tag	Jan. Uhrzeit	Feb. Uhrzeit	März Uhrzeit	April Uhrzeit	Mai Uhrzeit	Juni Uhrzeit
1	6.37	8.40	10.34	12.36	14.35	16.37
2	6.41	8.44	10.38	12.40	14.38	16.41
3	6.45	8.48	10.42	12.44	14.42	16.45
4	6.49	8.52	10.46	12.48	14.46	16.49
5	6.53	8.55	10.50	12.52	14.50	16.52
6	6.57	8.59	10.54	12.56	14.54	16.56
7	7.01	9.03	10.58	13.00	14.58	17.00
8	7.05	9.07	11.02	13.04	15.02	17.04
9	7.09	9.11	11.06	13.08	15.06	17.08
10	7.13	9.15	11.10	13.12	15.10	17.12
11	7.17	9.19	11.13	13.16	15.14	17.16
12	7.21	9.23	11.17	13.20	15.18	17.20
13	7.25	9.27	11.21	13.24	15.22	17.24
14	7.29	9.31	11.25	13.27	15.26	17.28
15	7.33	9.35	11.29	13.31	15.30	17.32
16	7.37	9.39	11.33	13.35	15.34	17.36
17	7.41	9.43	11.37	13.39	15.38	17.40
18	7.45	9.47	11.41	13.43	15.42	17.44
19	7.48	9.51	11.45	13.47	15.45	17.48
20	7.52	9.55	11.49	13.51	15.49	17.52
21	7.56	9.59	11.53	13.55	15.53	17.56
22	8.00	10.02	11.57	13.59	15.57	18.00
23	8.04	10.06	12.01	14.03	16.01	18.03
24	8.05	10.10	12.05	14.07	16.05	18.07
25	8.12	10.14	12.09	14.11	16.09	18.11
26	8.16	10.18	12.13	14.15	16.13	18.15
27	8.20	10.22	12.17	14.19	16.17	18.19
28	8.24	10.26	12.20	14.23	16.21	18.23
29	8.28	10.30	12.24	14.27	16.25	18.27
30	8.32		12.28	14.31	16.29	18.31
31	8.36		12.32		16.33	

Tag	Juli Uhrzeit	Aug. Uhrzeit	Sep. Uhrzeit	Okt. Uhrzeit	Nov. Uhrzeit	Dez. Uhrzeit
1	18.35	20.37	22.39	0.38	2.40	4.38
2	18.39	20.41	22.43	0.42	2.44	4.42
3	18.43	20.45	22.47	0.46	2.48	4.46
4	18.47	20.49	22.51	0.50	2.52	4.50
5	18.51	20.53	22.55	0.54	2.56	4.54
6	18.55	20.57	22.59	0.57	3.00	4.58
7	18.59	21.01	23.03	1.01	3.04	5.02
8	19.03	21.05	23.07	1.05	3.08	5.06
9	19.07	21.09	23.11	1.09	3.11	5.10
10	19.10	21.13	23.15	1.13	3.15	5.14
11	19.14	21.17	23.19	1.17	3.19	5.18
12	19.18	21.21	23.23	1.21	3.23	5.22
13	19.22	21.25	23.27	1.25	3.27	5.26
14	19.26	21.29	23.31	1.29	3.31	5.29
15	19.30	21.32	23.35	1.33	3.35	5.33
16	19.34	21.36	23.39	1.37	3.39	5.37
17	19.38	21.40	23.43	1.41	3.43	5.41
18	19.42	21.44	23.46	1.45	3.47	5.45
19	19.46	21.48	23.50	1.49	3.51	5.49
20	19.50	21.52	23.54	1.53	3.55	5.53
21	19.54	21.56	23.58	1.57	3.59	5.57
22	19.58	22.00	0.02	2.01	4.03	6.01
23	20.02	22.04	0.06	2.04	4.07	6.05
24	20.06	22.08	0.10	2.08	4.11	6.09
25	20.10	22.12	0.14	2.12	4.15	6.13
26	20.14	22.16	0.18	2.16	4.19	6.17
27	20.18	22.20	0.22	2.20	4.22	6.21
28	20.21	22.24	0.26	2.24	4.26	6.25
29	20.25	22.28	0.30	2.28	4.20	6.29
30	20.29	22.32	0.34	2.32	4.34	6.33
31	20.33	22.36		2.36		6.36

Tabelle 3: Hier finden Sie Ihren Aszendenten

	47° Uhrzeit	48° Uhrzeit	49° Uhrzeit
Löwe	0.36 – 3.18	0.34 – 3.16	0.31 – 3.14
Jungfrau	3.19 – 6.00	3.17 – 6.00	3.15 – 6.00
Waage	6.01 – 8.41	6.01 – 8.43	6.01 – 8.45
Skorpion	8.42 – 11.23	8.44 – 11.27	8.46 – 11.31
Schütze	11.24 – 13.50	11.28 – 13.55	11.32 – 14.00
Steinbock	13.51 – 15.41	13.56 – 15.45	14.01 – 15.58
Wassermann	15.42 – 16.58	15.46 – 17.00	15.49 – 17.02
Fische	16.59 – 18.00	17.01 – 18.00	17.03 – 18.00
Widder	18.01 – 19.01	18.01 – 18.59	18.01 – 18.57
Stier	19.02 – 20.19	19.00 – 20.15	18.58 – 20.11
Zwillinge	20.20 – 22.10	20.16 – 22.05	20.12 – 22.00
Krebs	22.11 – 0.35	22.06 – 0.33	22.01 – 0.33

	50° Uhrzeit	51° Uhrzeit	52° Uhrzeit
Löwe	0.26 – 3.12	0.21 – 3.10	0.16 – 3.08
Jungfrau	3.13 – 6.00	3.11 – 6.00	3.09 – 6.00
Waage	6.01 – 8.47	6.01 – 8.49	6.01 – 8.52
Skorpion	8.48 – 11.35	8.50 – 11.39	8.53 – 11.43
Schütze	11.36 – 14.05	11.40 – 14.10	11.44 – 14.15
Steinbock	14.06 – 15.52	14.11 – 15.56	14.16 – 16.01
Wassermann	15.53 – 17.04	15.57 – 17.06	16.02 – 17.09
Fische	17.05 – 18.00	17.07 – 18.00	17.10 – 18.00
Widder	18.01 – 18.55	18.01 – 18.53	18.01 – 18.51
Stier	18.56 – 20.07	18.54 – 20.03	18.52 – 19.59
Zwillinge	20.08 – 21.55	20.04 – 21.51	20.00 – 21.45
Krebs	21.56 – 0.25	21.52 – 0.20	21.46 – 0.15

	53° Uhrzeit	54° Uhrzeit	55° Uhrzeit
Löwe	0.13 – 3.06	0.08 – 3.04	0.05 – 3.01
Jungfrau	3.07 – 6.00	3.05 – 6.00	3.02 – 5.56
Waage	6.01 – 8.54	6.01 – 8.56	5.57 – 8.54
Skorpion	8.55 – 11.47	8.57 – 11.52	8.55 – 11.49
Schütze	11.48 – 14.20	11.53 – 14.26	11.50 – 14.22
Steinbock	14.21 – 16.06	14.27 – 16.10	14.23 – 16.07
Wassermann	16.07 – 17.11	16.11 – 17.14	16.08 – 17.10
Fische	17.12 – 18.00	17.15 – 18.00	17.11 – 18.00
Widder	18.01 – 18.49	18.01 – 18.46	18.01 – 18.44
Stier	18.50 – 19.55	18.47 – 19.50	18.45 – 19.47
Zwillinge	19.56 – 21.39	19.51 – 21.33	19.48 – 21.30
Krebs	21.40 – 0.12	21.34 – 0.07	21.31 – 0.04

Hier nun noch ein Beispiel, das Ihnen das Errechnen Ihres Aszendenten verdeutlichen soll:

Geburt: 5. April 1944 um 17.10 Uhr in Köln

1. Geburtszeit	17 Uhr 10
2. Ortszeit (siehe Tabelle 1): Korrektur für den Geburtsort Köln (51 Grad)	– 32
	16 Uhr 38
3. Die Sternzeit des 5. April (siehe Tabelle 2) wird zur erhaltenen Ortszeit addiert	+ 12 Uhr 52
	29 Uhr 30
4. Am 5. April 1944 galt die Sommerzeit, also muss eine Stunde abgezogen werden	– 1 Uhr 00
	28 Uhr 30
5. Da die gefundene Zahl über 24 Uhr hinausgeht, werden 24 Stunden abgezogen	– 24 Uhr 00
Das ergibt die eigentliche Sternzeit	4 Uhr 30

Die Sternzeit des am 5. April 1944 um 17 Uhr 10 Minuten in Köln geborenen Widder-Menschen ist 4 Uhr 30 Minuten. Sein Aszendent ist laut Tabelle 3 beim Breitengrad von Köln (51 Grad) das Tierkreiszeichen *Jungfrau*.

Was es mit der Himmelsmitte auf sich hat

Der zweitwichtigste Punkt in einem Horoskop nach dem Aszendenten ist das Medium coeli (MC), also der Scheitelpunkt am Himmelsgewölbe fast senkrecht über uns oder – mit anderen Worten – die Himmelsmitte über dem Ort, von dem aus wir das Sternenzelt beobachten. Am höchsten steht er um die Mittagszeit auf einem Großkreis, den wir Mittagskreis oder astronomisch Meridian nennen. Dieser astrologische Südpol bildet mit dem Imum coeli (IC), dem astrologischen Nordpol, die Vertikalachse des Horoskops, die durch den Mittelpunkt der Erde, also auch den des Tierkreises hindurchgeht und in unseren Breiten gegenüber der Horizontalachse Aszendent-Deszendent etwas nach Osten oder Westen geneigt ist – im Gegensatz zu der geographischen Pol-Linie, die senkrecht auf der Äquatorachse steht und sich mit dieser im Erdmittelpunkt trifft.

In einem Horoskop deutet das Medium coeli die Individualität eines Menschen und sein Ichbewusstsein, zugleich aber auch seinen Erfolg im Leben. Auf welchem Weg er diesen Erfolg erreichen kann, wird durch die Lage des MC in den einzelnen Tierkreiszeichen verdeutlicht.

Das MC im Widder lässt, wenn die planetarischen Bedingungen günstig sind, große Zielstrebigkeit, gesunden Ehrgeiz und Optimismus in allen Lebenslagen erwarten. Hier setzt sich eine starke Persönlichkeit in Szene. Erfolge werden nicht ausbleiben. Bei negativer Stellung der Gestirne schießt man fanatisch übers Ziel hinaus, fasst voreilig Entschlüsse, die einem hinterher Leid tun, und ist nur durch große Kraftanstrengungen in der Lage, ein Ziel zu erreichen. Dabei wird man aber möglicherweise immer mal wieder anecken.

Das MC im Stier gibt einem Menschen bei günstigem Horoskop viel Ausdauer beim Verfolgen seiner Lebensziele mit auf den Weg. In diesem Fall kann zwar mit einem langsamen, aber stetigen Aufstieg gerechnet werden. Mit großer Geduld und einem unvergleichlichen Beharrungsvermögen kann man sich am Ende immer wieder durchsetzen. Negativ gesehen könnte zu viel Egoismus manches zunichte machen. Jedwede Zusammenarbeit wird durch Misstrauen und Skepsis gegenüber den Leistungen anderer stets nachhaltig gestört werden.

Das MC in den Zwillingen sorgt für überragende Geistesgaben, die sich aber nicht immer günstig ins Erfolgsstreben einbringen lassen. Das kommt daher, dass man zu rasch ein lohnendes Ziel erreichen will. Manchmal steuert man auch kurz zuvor ein neues Vorhaben an, das noch günstiger erscheint. Ist das MC in den Zwillingen durch negative Gestirnsstände gestört, tändelt das eigene Wollen an der Oberfläche dahin und zersplittert so Kräfte, die einem Menschen dann fehlen, wenn er sie nötig hat.

Das MC im Krebs entwickelt viel Taktgefühl bei der Durchsetzung des eigenen Ichs. Man strebt nach Unabhängigkeit, ohne dabei andere zu verletzen. Rücksichtnahme wird in diesem Fall sehr groß geschrieben. Mit sparsamen Mitteln kann bei günstigen planetarischen Bedingungen manches erreicht werden, wobei der Erfolg nie blind macht. Auf der Minusseite wird ein allzu empfindsames Reagieren auf Umwelteinflüsse verzeichnet. Man ist leicht zu beeinflussen und macht daher Fehler über Fehler.

Das MC im Löwen bringt den starken Willen ins Spiel, sich besserzustellen als andere, um diesen dann die eigene Großzügigkeit beweisen zu können. Im positiven Sinn wird hier von Führernaturen gesprochen, die selbstsicher und optimistisch das Leben meistern. Das Ziel ist in jedem Fall Wohlstand, Reichtum und Ansehen. Stehen die Sterne aber ungünstig, deutet das MC im Löwen auf einen egoistischen Menschen hin, der mit den Ellbogen so sehr rudert, dass er leicht selbst aus dem Gleichgewicht kommt. Hier schaden überempfindliche Reaktionen dem eigenen Image.

Das MC in der Jungfrau spricht von großem Organisationstalent und einer Ordnungsliebe, die vorbildlich ist. Mit Gewissenhaftigkeit und der Hoffnung auf eine soziale Sicherstellung des eigenen Ichs wird das Berufsziel angesteuert, wobei mit einfachen Mitteln höchste Leistung erbracht wird. Kritik macht auch vor der eigenen Person nicht Halt. Im Gegensatz dazu steht das negative Bild, wo Kritik um der Kritik willen geübt wird und man sich allzu kleinlich gebärdet. Lob wird genüsslich eingeheimst, Tadel führt zu Depressionen.

Das MC in der Waage harmonisiert die Zusammenarbeit mit anderen und lässt nach Unabhängigkeit streben. Durch ein verbindliches Wesen und diplomatisches Verhalten erlangt man viel Protektion. Man strebt wie selbstverständlich höhere Stellungen an als andere, die vielleicht vom Intellekt und von ihren Leistungen her geeigneter dazu wären. Auf der negativen Seite kann eine überspitzte Egozentrik verbucht werden. Hier ist Zuhörenkönnen die schwache Seite.

Das MC im Skorpion bewirkt im günstigen Fall viel Fleiß und Ausdauer, wobei jede Menge gesunder Ehrgeiz mitspielt. Die jeweilige Lage wird blitzschnell erfasst und zum eigenen Vorteil genutzt. Man hat Finanzielles stets im Griff und ein Gespür dafür, noch mehr aus allem herauszuholen. Auf der negativen Seite kommen grenzenlose Rücksichtslosigkeit und eine Überschätzung der eigenen Fähigkeiten ins Spiel. Mit brutaler Kraftanstrengung soll ein gewünschtes Ziel erreicht werden.

Das MC im Schützen fördert durchdachte Pläne, die zu großartigen Erfolgen führen können. Kollegiales Verhalten gehört auf jeden Fall zur Umgangsform, geistige Weiterbildung ist hier Verpflichtung. Beim Streben nach materieller Sicherheit sind krumme Touren verpönt. Geradlinig wird ein lohnendes Ziel angesteuert. Bei ungünstigen Konstellationen wird durch das MC im Schützen ein unbeständiger Charakter gezeichnet, der auf recht abenteuerliche Weise sein Lebensziel verfolgt. Oft will man hier mehr scheinen, als man in Wirklichkeit ist. Das Glück kann zum Spekulationsobjekt werden.

Das MC im Steinbock konzentriert alles auf das Erreichen des materiellen Wohlstands. Vorbildlich sind Fleiß und Ausdauer. Das umständlich erscheinende Taktieren kann Konkurrenten in der Hoffnung wiegen, sie hätten leichtes Spiel. Am Ende müssen sie vor dem, der das MC im Steinbock günstig platziert hat, kapitulieren, weil er als nüchterner Realitätsmensch auch auf die Klippen geachtet hat, die leicht zum Schiffbruch führen. Schlechte Aspekte deuten ein allzu in sich gekehrtes Wesen an, das sich nur auf die eigene Arbeit konzentriert und dabei den Kontakt zur Umwelt verliert.

Das MC im Wassermann wünscht sich Neuerungen auf allen möglichen Gebieten. Es wird viel von Teamwork gesprochen, aber die eigene Person am Ende als Initiator eines Erfolgs herausgestellt. Die Ideen sprudeln nur so aus einem Menschen hervor, der ein günstiges MC im Wassermann hat. Plötzliche Entschlüsse führen meist zu einem erstrebenswerten Ziel, das freilich kaum erreicht wird, wenn von einer „verkorksten" Konstellation ausgegangen werden muss. In diesem Fall wird viel zerredet und bestes Gedankengut sinnlos verschleudert. Viele Pläne vermodern dann in der Schublade.

Das MC in den Fischen fördert das Wartenkönnen auf bessere Gelegenheiten. Mit einfachen Mitteln werden mühelos Erfolge erzielt. Die Arbeit und das Weiterkommen im Beruf sind nicht oberstes Gebot, wenn dadurch das Leben nicht lebenswerter gemacht werden kann. Große Kollegialität herrscht vor, obwohl man in persönlicher Hinsicht sehr zurückhaltend ist und nicht so schnell Freundschaften schließt. Eine ungünstige Planetenstellung bewirkt manchmal, dass es Einflüsse in die falsche Richtung gibt und man in seiner Entscheidungsfreudigkeit gehemmt wird.

Wie das Medium coeli errechnet wird

In der nachstehenden Tabelle sind neben den Geburtssternzeiten (Geb.Stz.) in Stunden (h), Minuten (m) und Sekunden (s) auch die Gradzahlen des Medium coeli (MC) verzeichnet, vor denen jeweils am Anfang bei 0 Grad das dazu gehörende Tierkreiszeichen steht. Die Gradzahlen des Medium coeli, also der Himmelsmitte, sind für jedes Tierkreiszeichen mit 0 bis 29 bezeichnet, worauf das nächste Zeichen wieder mit 0 beginnt und so weiter.

Um die genaue Gradzahl des Medium coeli (MC) in dem zu errechnenden Horoskop zu erhalten, müssen wir in der nachstehenden Tabelle die unserer ermittelten Geburtssternzeit am nächsten liegende aufsuchen.

In unserem Beispiel der Aszendentenberechnung erhielten wir für den am 5. April 1944 um 17.10 Uhr in Köln geborenen Widder-Menschen eine Sternzeit von 4 Uhr 30 Minuten. Diese Geburtssternzeit können wir nun für die Berechnung der Himmelsmitte benutzen. Wir schauen also in der nachfolgenden Tabelle nach und finden, dass die fragliche Sternzeit zwischen 4 Uhr 29, 2 Minuten und 4 Uhr 33, 4 Minuten liegt. Die entsprechenden Gradzahlen in dem Zeichen Zwillinge können wir unter dem MC zwischen 9 und 10 ablesen. Da die Geburtssternzeit des Widder-Geborenen näher an 9 Grad Zwillinge liegt, wäre sie in unserem Fall für die Berechnung maßgebend.

Das Medium coeli (MC) des am 5. April 1944 in Köln Geborenen läge also in 9 Grad Zwillinge.

Wir können also in der Horoskop-Darstellung auf Seite 8 neben dem Aszendenten Jungfrau auf 4 Grad 30 Minuten und dem Deszendenten Fische auf 4 Grad 30 Minuten das MC in den Zwillingen auf 9 Grad und das Imum coeli (IC) im Schütze-Zeichen auf 9 Grad eintragen.

Nun können Sie mit Ihren eigenen Daten so verfahren, wie es hier beschrieben wurde. Und Sie werden zugeben müssen, dass die Berechnung des Aszendenten und des Medium coeli wirklich ganz einfach ist.

Geb.	Stz.		MC		Geb.	Stz.		MC	
h	m	s	Grad		h	m	s	Grad	
0	00,	0	0	♈	1	59,	3	2	♉
0	03,	7	1	♈	2	03,	1	3	♉
0	07,	3	2	♈	2	07,	0	4	♉
0	11,	0	3	♈	2	10,	9	5	♉
0	14,	7	4	♈	2	14,	7	6	♉
0	18,	4	5	♈	2	18,	6	7	♉
0	22,	0	6	♈	2	22,	5	8	♉
0	25,	7	7	♈	2	26,	4	9	♉
0	29,	4	8	♈	2	30,	4	10	♉
0	33,	1	9	♈	2	34,	3	11	♉
0	36,	8	10	♈	2	38,	2	12	♉
0	40,	5	11	♈	2	42,	2	13	♉
0	44,	1	12	♈	2	46,	2	14	♉
0	47,	8	13	♈	2	50,	1	15	♉
0	51,	5	14	♈	2	54,	1	16	♉
0	55,	3	15	♈	2	58,	1	17	♉
0	59,	0	16	♈	3	02,	2	18	♉
1	02,	7	17	♈	3	06,	2	19	♉
1	06,	4	18	♈	3	10,	2	20	♉
1	10	1	19	♈	3	14,	3	21	♉
1	13,	9	20	♈	3	18,	3	22	♉
1	17,	6	21	♈	3	22,	4	23	♉
1	21,	4	22	♈	3	26,	5	24	♉
1	25,	1	23	♈	3	30,	6	25	♉
1	28,	9	24	♈	3	34,	7	26	♉
1	32,	7	25	♈	3	38,	8	27	♉
1	36,	4	26	♈	3	43,	0	28	♉
1	40,	2	27	♈	3	47,	1	29	♉
1	44,	0	28	♈	3	51,	3	0	♊
1	47,	8	29	♈	3	55,	4	1	♊
1	51,	6	0	♉	3	59,	6	2	♊
1	55,	5	1	♉	4	03,	8	3	♊

Geb.	Stz.		MC		Geb.	Stz.		MC	
h	m	s	Grad		h	m	s	Grad	
4	08,	0	4	♊	6	26,	2	6	♋
4	12,	2	5	♊	6	30,	5	7	♋
4	16,	5	6	♊	6	34,	8	8	♋
4	20,	7	7	♊	6	39,	2	9	♋
4	24,	9	8	♊	6	43,	5	10	♋
4	29,	2	9	♊	6	47,	9	11	♋
4	33,	4	10	♊	6	52,	2	12	♋
4	37,	7	11	♊	6	56,	5	13	♋
4	42,	0	12	♊	7	00,	8	14	♋
4	46,	3	13	♊	7	05,	1	15	♋
4	50,	6	14	♊	7	09,	4	16	♋
4	54,	9	15	♊	7	13,	7	17	♋
4	59,	2	16	♊	7	18,	0	18	♋
5	03,	5	17	♊	7	22,	3	19	♋
5	07,	8	18	♊	7	26,	6	20	♋
5	12,	2	19	♊	7	30,	8	21	♋
5	16,	5	20	♊	7	35,	1	22	♋
5	20,	8	21	♊	7	39,	3	23	♋
5	25,	2	22	♊	7	43,	6	24	♋
5	29,	5	23	♊	7	47,	8	25	♋
5	33,	9	24	♊	7	52,	0	26	♋
5	38,	2	25	♊	7	56,	1	27	♋
5	42,	6	26	♊	8	00,	4	28	♋
5	46,	9	27	♊	8	04,	6	29	♋
5	51,	3	28	♊	8	08,	7	0	♌
5	55,	6	29	♊	8	12,	9	1	♌
6	00,	0	0	♋	8	17,	0	2	♌
6	04,	4	1	♋	8	21,	2	3	♌
6	08,	7	2	♋	8	25,	3	4	♌
6	13,	1	3	♋	8	29,	4	5	♌
6	17,	4	4	♋	8	33,	5	6	♌
6	21,	8	5	♋	8	37,	6	7	♌

Geb.	Stz.		MC		Geb.	Stz.		MC	
h	m	s	Grad		h	m	s	Grad	
8	41,	7	8	♌	10	46,	1	10	♍
8	45,	7	9	♌	10	49,	9	11	♍
8	49,	8	10	♌	10	53,	6	12	♍
8	53,	8	11	♌	10	57,	3	13	♍
8	57,	9	12	♌	11	01,	1	14	♍
9	01,	9	13	♌	11	04,	8	15	♍
9	05,	9	14	♌	11	08,	5	16	♍
9	09,	9	15	♌	11	12,	2	17	♍
9	13,	9	16	♌	11	15,	9	18	♍
9	17,	8	17	♌	11	19,	6	19	♍
9	21,	8	18	♌	11	23,	3	20	♍
9	25,	7	19	♌	11	26,	9	21	♍
9	29,	7	20	♌	11	30,	6	22	♍
9	33,	6	21	♌	11	34,	3	23	♍
9	37,	5	22	♌	11	38,	0	24	♍
9	41,	4	23	♌	11	41,	7	25	♍
9	45,	3	24	♌	11	45,	3	26	♍
9	49,	1	25	♌	11	49,	0	27	♍
9	53,	0	26	♌	11	52,	7	28	♍
9	56,	9	27	♌	11	56,	3	29	♍
10	00,	7	28	♌	12	00,	0	0	♎
10	04,	5	29	♌	12	03,	7	1	♎
10	08,	4	0	♍	12	07,	3	2	♎
10	12,	2	1	♍	12	11,	0	3	♎
10	16,	0	2	♍	12	14,	7	4	♎
10	19,	8	3	♍	12	18,	4	5	♎
10	23,	6	4	♍	12	22,	0	6	♎
10	27,	4	5	♍	12	25,	7	7	♎
10	31,	1	6	♍	12	29,	4	8	♎
10	34,	9	7	♍	12	33,	1	9	♎
10	38,	7	8	♍	12	36,	8	10	♎
10	42,	4	9	♍	12	40,	5	11	♎

Geb.	Stz.		MC		Geb.	Stz.		MC	
h	m	s	Grad		h	m	s	Grad	
12	44,	1	12	♎	14	34,	3	11	♏
12	47,	8	13	♎	14	38,	2	12	♏
12	51,	5	14	♎	14	42,	2	13	♏
12	55,	3	15	♎	14	46,	2	14	♏
12	59,	0	16	♎	14	50,	1	15	♏
13	02,	7	17	♎	14	54,	1	16	♏
13	06,	4	18	♎	14	58,	1	17	♏
13	10,	1	19	♎	15	02,	2	18	♏
13	13,	9	20	♎	15	06,	2	19	♏
13	17,	6	21	♎	15	10,	2	20	♏
13	21,	4	22	♎	15	14,	3	21	♏
13	25,	1	23	♎	15	18,	3	22	♏
13	28,	9	24	♎	15	22,	4	23	♏
13	32,	7	25	♎	15	26,	5	24	♏
13	36,	4	26	♎	15	30,	6	25	♏
13	40,	2	27	♎	15	34,	7	26	♏
13	44,	0	28	♎	15	38,	8	27	♏
13	47,	8	29	♎	15	43,	0	28	♏
13	51,	6	0	♏	15	47,	1	29	♏
13	55,	5	1	♏	15	51,	3	0	♐
13	59,	3	2	♏	15	55,	4	1	♐
14	03,	1	3	♏	15	59,	6	2	♐
14	07,	0	4	♏	16	03,	8	3	♐
14	10,	9	5	♏	16	08,	0	4	♐
14	14,	7	6	♏	16	12,	2	5	♐
14	18,	6	7	♏	16	16,	5	6	♐
14	22,	5	8	♏	16	20,	7	7	♐
14	26,	4	9	♏	16	24,	9	8	♐
14	30,	4	10	♏	16	29,	2	9	♐

Geb.	Stz.		MC		Geb.	Stz.		MC	
h	m	s	Grad		h	m	s	Grad	
16	33,	4	10	♐	18	39,	1	9	♑
16	37,	7	11	♐	18	43,	5	10	♑
16	42,	0	12	♐	18	47,	9	11	♑
16	46,	3	13	♐	18	52,	2	12	♑
16	50,	6	14	♐	18	56,	5	13	♑
16	54,	9	15	♐	19	00,	8	14	♑
16	59,	2	16	♐	19	05,	1	15	♑
17	03,	5	17	♐	19	09,	4	16	♑
17	07,	8	18	♐	19	13,	7	17	♑
17	12,	2	19	♐	19	18,	0	18	♑
17	16,	5	20	♐	19	22,	2	19	♑
17	20,	8	21	♐	19	26,	6	20	♑
17	25,	2	22	♐	19	30,	8	21	♑
17	29,	5	23	♐	19	35,	1	22	♑
17	33,	9	24	♐	19	39,	3	23	♑
17	38,	2	25	♐	19	43,	6	24	♑
17	42,	6	26	♐	19	47,	8	25	♑
17	46,	9	27	♐	19	52,	0	26	♑
17	51,	3	28	♐	19	56,	2	27	♑
17	55,	6	29	♐	20	00,	4	28	♑
18	00,	0	0	♑	20	04,	6	29	♑
18	04,	4	1	♑	20	08,	7	0	♒
18	08,	7	2	♑	20	12,	9	1	♒
18	13,	1	3	♑	20	17,	0	2	♒
18	17,	4	4	♑	20	21,	2	3	♒
18	21,	8	5	♑	20	25,	3	4	♒
18	26,	2	6	♑	20	29,	4	5	♒
18	30,	5	7	♑	20	33,	5	6	♒
18	34,	8	8	♑	20	37,	6	7	♒

Geb.	Stz.		MC		Geb.	Stz.		MC	
h	m	s	Grad		h	m	s	Grad	
20	41,	7	8	♒	22	34,	9	7	♓
20	45,	7	9	♒	22	38,	7	8	♓
20	49,	8	10	♒	22	42,	4	9	♓
20	53,	8	11	♒	22	46,	1	10	♓
20	57,	9	12	♒	22	49,	9	11	♓
21	01,	9	13	♒	22	53,	6	12	♓
21	05,	9	14	♒	22	57,	3	13	♓
21	09,	9	15	♒	23	01,	1	14	♓
21	13,	9	16	♒	23	04	8	15	♓
21	17,	8	17	♒	23	08,	5	16	♓
21	21,	8	18	♒	23	12,	2	17	♓
21	25,	7	19	♒	23	15,	9	18	♓
21	29,	7	20	♒	23	19,	6	19	♓
21	33,	6	21	♒	23	23,	3	20	♓
21	37,	5	22	♒	23	26,	9	21	♓
21	41,	4	23	♒	23	30,	6	22	♓
21	45,	3	24	♒	23	34,	3	23	♓
21	49,	1	25	♒	23	38,	0	24	♓
21	53,	0	26	♒	23	41,	7	25	♓
21	56,	9	27	♒	23	45,	3	26	♓
22	00,		28	♒	23	49,	0	27	♓
22	04,	5	29	♒	23	52,	7	28	♓
22	08,	4	0	♓	23	56,	3	29	♓
22	12,	2	1	♓					
22	16,	0	2	♓					
22	19,	8	3	♓					
22	23,	6	4	♓					
22	27,	4	5	♓					
22	31,	1	6	♓					

Widder
ISBN: 3-8068-**1741**-3
Die anderen Sternzeichen dieser Reihe:

1742-1	Stier
1743-X	Zwillinge
1744-8	Krebs
1745-6	Löwe
1746-4	Jungfrau
1747-2	Waage
1748-0	Skorpion
1749-9	Schütze
1750-2	Steinbock
1751-0	Wassermann
1752-9	Fische

Charakterlichen Eigenschaften und Anlagen auf ganz neue Art entdecken. Was das Sternzeichen für Liebe und Partnerschaft, für Karriere, Finanzen, für Gesundheit und Fitneß bedeutet und welche Pflanzen und Gewürze, Mineralien und Metalle, Farben und Düfte am besten passen, zeigt diese Reihe auf unterhaltsame Weise.

Alle Bücher haben 80 Seiten, sind durchgehend vierfarbig, gebunden und kosten DM 14,90.

Liebes-Horoskop
Von W. Noé – 136 S., kartoniert
ISBN: 3-635-**60297**-3
Preis: DM 12,90

Die Sterne prägen die erotische Anziehung und sie können der Schlüssel zu tieferer Einsicht in Bezug auf sexuelle Bedürfnisse und Vorlieben sein. Dieser astrologische Ratgeber zeigt Ihnen den Weg zu einer befriedigenden und erfüllten Partnerschaft.

Partnerschafts-Horoskop
Von G. Haddenbach – 144 S., kartoniert
ISBN: 3-63-**60047**-4
Preis: DM 14,90

Wer möchte nicht wissen, wer der passende Partner ist ? Dieses Buch zeigt den Einfluss der Tierkreiszeichen auf die Liebe und Partnerschaft.

Astrologie der Planetentansite
Von D. Weise -160 S., kartoniert
ISBN: 3-635-**60507**-7
Preis: DM 16,90

Mit diesem Ratgeber lernen Sie, selbst individuelle astrologische Prognosen bis 2010 zu stellen.

Chinesisches Horoskop
Von G. Haddenbach – 100 S., kartoniert
ISBN: 3-635-**60006**-7
Preis: DM 9,90

Im uralten chinesischen Horoskop steht jedes Jahr unter dem Zeichen eines von insgesamt 12 Tieren, die Charakter und Schicksal des Menschen beeinflussen. In diesem Buch finden Sie Antworten zu Charakter, Liebe und Schicksal.

Astrologie und Gesundheit
Von J. Rachlitz – 140 S., kartoniert
ISBN: 3-635-**60194**-2
Preis: DM 14,90

Mit diesem Ratgeber wecken Sie Ihre Selbstheilungskräfte. Erfahren Sie, was das persönliche Horoskop über Ihre psychische und körperliche Disposition aussagt.

Stand der Preise: 1.6.2000. Änderungen vorbehalten

Das FALKEN Praxisbuch zur Handdeutung
Von C. Eisler-Mertz – 180 S., kartoniert
ISBN: 3-635-**60500**-X
Preis: DM 16,90

Hände erzählen Lebensgeschichten – wenn man ihr Geheimnis entschlüsseln kann. Das Buch führt durch die Landschaft der Hände und lehrt, Haupt- und Nebenlinien richtig zu lesen. Darüber hinaus wird gezeigt, wie man mit Hilfe des Zeitschlüssels wichtige lebensgeschichtliche Ereignisse der Vergangenheit erklärt und wie die Zukunft gedeutet werden kann.

Pendeln
Von N. Schreiber – 120 S., kartoniert
ISBN: 3-635-**60332**-5
Preis: DM 12,90

Pendeln kann ein faszinierendes Werkzeug für die Bewältigung des Alltags sein. Dieses Buch gibt Anleitung für eine intuitive Nutzung des magischen Pendels, sei es zur Selbsterkenntnis oder für konkrete Probleme.

Lexikon der Esoterik
Von W. Bogun, N. Straet – 304 S., kartoniert
ISBN: 3-635-**60430**-5
Preis: DM 19,90

Endlich Antworten auf über 700 Fragen zu klassischen und aktuellen esoterische Themen. Dieses Lexikon bietet eine Fülle von Wissen zu Esoterik, Astrologie, Spiritualität und Ganzheitsmedizin.

Nostradamus – Prophezeiungen für das 21. Jahrhundert
Von M. Dimde – 160 S., kartoniert
ISBN: 3-635-**60437**-2
Preis: DM 16,90

Was erwartet die Menschheit nach der Jahrtausendwende? Der Nostradamus-Experte Manfred Dimde entschlüsselt mit seinem Decodierungssystem die geheimen Botschaften des berühmten Visionärs und Astrologen aus dem 16. Jahrhundert. Die neuesten Erkenntnisse über die Vorhersagen zu Lebensqualität, Wohlstand, Krieg und Frieden u.a. weisen auf den Beginn einer neuen Zivilisation im 21. Jahrhundert hin.

Die große Orakelsammlung
Von J. Rachlitz – 140 Seiten, kartoniert
ISBN: 3-635-**60590**-5
Preis: DM 14,90

Eine große Portion Intuition gewürzt mit einem Schuss Magie und einer Prise Gesellschaftsspiel – so wird das Orakel zum Vergnügen. Diese umfassende Sammlung bietet für jeden die optimale Form, die Zukunft zu befragen.

Die Kunst, in Gesichtern zu lesen
Von C. An Kuei – 160 S., kartoniert
ISBN: 3-635-**68020**-6
Preis: DM 24,90

Der entlarvende Blick, wer möchte den nicht beherrschen? Dieser Ratgeber gibt tiefe „Einblicke" in die chinesische Gesichtslesekunst Siang mien und zeigt, wie man einzelne Gesichtsmerkmale deuten kann.

Neue Partnerschaft
Von D. Lazarowicz – 120 S., kartoniert
ISBN: 3-635-60603-0
Preis: DM 16,90

Traumprinzen sind sie alle nicht, aber gute Partner können Männer werden. Dieser Ratgeber erklärt, was Männer und Frauen unterscheidet, wo es immer wieder knirscht und wie aus dem eintönigen Beziehungs-Trott wieder eine glückliche Partnerschaft wird.

Happy Dreams
Von C. Baumanns – 160 S., kartoniert
ISBN: 3-635-60595-6
Preis: DM 16,90

Träume sind der Spiegel der Seele. Sie verraten uns, was wir im Alltag verdrängen: geheime Wünsche, Bedürfnisse und Sehnsüchte. Wer bereit ist auf die Träume zu hören und über sie nachzudenken, der wird genussfähiger und lebt sinnlicher.

Das Non-Aging-Programm
Von S. von Maydell – 140 S., kartoniert
ISBN: 3-635-60601-4
Preis: DM 16,90

Niemand lebt ewig. Aber: Lange jung bleiben ist heute möglich. Wer im Alter geistig und körperlich fit sein will, muss in den besten Jahren seine persönliche Anti-Aging-Strategie wählen. Das Buch stellt Programme für Frauen und Männer vor und verrät, wie jeder selbst seinen eigenen Jungbrunnen im Alltag findet.

Schlagfertig!
Von M. Müller – 180 S., kartoniert
ISBN: 3-635-60593-X
Preis: DM 16,90

Abwertende Sprüche, dumme Anmache – die passende Reaktion darauf fällt Frauen leider oft zu spät ein. Dieses Buch zeigt Ihnen, wie Sie mit Worten gewinnen können: im Beruf, in der Öffentlichkeit und im Privatleben.

Job und Familie kinderleicht
Von B. Rupprecht-Stroell – 160 S., kartoniert
ISBN: 3-635-60602-2
Preis: DM 16,90

Kinder oder Karriere? Nein, beides. Dieses einzigartige Handbuch zeigt, wie sich Kinder und Beruf so vereinbaren lassen, dass Erziehung und Betreuung der Kinder nicht zu kurz kommen und die Mutter gleichzeitig fit für den Berufsalltag bleibt.

Hilfe, ich habe ein Baby!
Von A. Morris, M. Talcott – 60 S., kartoniert
ISBN: 3-635-60585-9
Preis: DM 9,90

Mach nicht zu früh zu viel! So lautet Regel Nummer eins in diesem humorvollen Ratgeber. Mit seinem Feuerwerk von witzigen und praktischen Tipps erleichtert er stressgeplagten neuen Müttern das Leben.

Schüßler-Salze
Von A. Rückert – 128 S., kartoniert
ISBN: 3-635-**60518**-2
Preis: DM 14,90

Der menschliche Organismus braucht Mineralstoffe und Spurenelemente, um reibungslos zu funktionieren. Dieses Buch informiert Sie über die Anwendung der Schüßler-Salze, in denen die Zellnährstoffe enthalten sind.

Einheimische Blütenessenzen
Von A. Rückert – 140 S., kartoniert
ISBN: 3-635-**60520**-4
Preis: DM 14,90

Nutzen Sie die Heilkraft von Blütenessenzen für die Harmonie von Körper, Seele und Geist. Neben den bekannten Bachblüten sind inzwischen eine Vielzahl weiterer Essenzen entstanden, die helfen, Beschwerden zu lindern, Seelenblockaden zu lösen und schwierige Situationen zu meistern.

Die sagenhafte Heilkraft der Papaya
Von H. W. Tietze – 88 S., kartoniert
ISBN: 3-635-**60396**-1
Preis: DM 12,90

Schon lange ist den Naturvölkern die Heilkraft der Papaya bekannt. Sie wirkt gegen Infektionen, als Beruhigungs- und Stärkungsmittel. Auch bei Krebserkrankungen wird ihr heilende Wirkung nachgesagt. In diesem Ratgeber erfahren Sie mehr über die Papaya und ihr Konzentrat.

Topfit mit Vitalstoffen
Von U. Kinon – 100 S., kartoniert
ISBN: 3-635-**60433**-X
Preis: DM 12,90

Dieser Gesundheitsratgeber liefert alle nötigen Informationen bei welchen Beschwerden Vitalstoffe helfen können, zum Beispiel bei Kopfschmerzen, Schlafstörungen oder Bluthochdruck. Er bietet eine Fülle von Praxistipps, die bei der eigenverantwortlichen Heilung akuter und chronischer Erkrankungen helfen.

Schön, fit und gesund mit Molke
Von A. Eder – 100 S., kartoniert
ISBN: 3-635-**60569**-7
Preis: DM 12,90

Trinken Sie sich gesund mit Molke. Die Inhaltsstoffe und Wirkungsweisen der Molke zeigt dieses Buch ebenso wie die vielseitige Verwendung bei Diäten, Fastenkuren, als Heilmittel und in der Schönheitspflege.

Fasten mit Obst- und Gemüsesäften
Von E. und N. Lischka – 100 S., kartoniert
ISBN: 3-635-**60442**-9
Preis: DM 9,90

Mindestens ebenso wichtig wie eine gesunde Ernährung ist regelmäßiges Fasten. Fettgewebe und Ablagerungen im Körper werden durch das Fasten erfolgreich abgebaut. Durch Obst- und Gemüsesäfte führen Sie dem Körper viele gesundheitsfördernde Vitalstoffe zu.

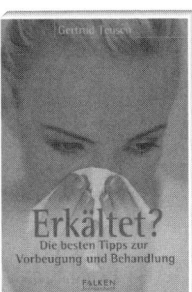

Erkältet?
Von G. Teusen – 100 S., kartoniert
ISBN: 3-635-**60368**-6
Preis: DM 12,90

Die ersten nasskalten Tage gehen für viele
einher mit einer Erkältung. Wie Sie in
Zukunft eine Ansteckung von vornherein
vermeiden, dafür bietet dieser Gesundheitsratgeber zahlreiche Tipps. Wenn es Sie
jedoch trotz aller Vorsicht erwischt hat,
helfen Ihnen viele bewährte Hausmittel
und Kräuteranwendungen.

Rheuma
Von Prof. Dr. med. K. Gräfenstein –
128 S., kartoniert
ISBN: 3-8068-**2000**-7
Preis: DM 19,90

Aktiv gegen die Erkrankung angehen anstatt zu resignieren ist die Devise. Dieser
Ratgeber enthält eine Vielzahl von Anregungen zur Selbsthilfe mit erprobten rheuma-
gymnastischen Übungen und Hilfsmitteln.

Traditionelle Chinesische Medizin
Von D. Accolla, P. Yates – 368 S., gebunden
ISBN: 3-8068-**7381**-X
Preis: DM 49,90

Harmonie, Ganzheit und Gleichgewicht
sind die Schlüsselbegriffe der Traditionel-
len Chinesischen Medizin. Dieser Ratgeber
informiert Sie umfassend über das Verständnis von Krankheiten aus fernöstlicher
Sicht, Mittel und Wege, Krankheiten zu
vermeiden und die Möglichkeiten der
Selbstbehandlung.

Total entspannt
Von G. Teusen – 140 S., kartoniert
ISBN: 3-635-**60521**-2
Preis: DM 16,90

Welche Entspannungsmethode passt zu
mir? Darauf gibt Ihnen dieser Ratgeber
eine Antwort mit der Darstellung verschie-
dener Wege und Methoden sowie einfachen Einsteiger-Übungen zu allen wichtigen Entspannungstechniken wie z.B.
Meditation, Tai Chi oder Yoga.

Shiatsu
Von W. Abraham – 120 S., kartoniert
ISBN: 3-635-**60435**-6
Preis: DM 14,90

Shiatsu vereint traditionelle japanische
Methoden mit modernen Massagetechni-
ken und dient der Entspannung und der
partnerschaftlichen Kommunikation. Dieses
Buch führt in die fernöstlich-philosophi-
schen Grundlagen ein und zeigt, wie
Shiatsu selbst angewendet werden kann.

Glück geht durch den Magen
Von L. u. A. Waniorek – 80 S., kartoniert
ISBN: 3-635-**60566**-2
Preis: DM 12,90

Essen macht glücklich! Warum das so ist
und wie sich das positiv nutzen lässt, zeigt
dieses Buch. Auch informiert es wie
Lebensmittel, Kräuter und Gewürze, der
Seele zuträglich sind und wie man mit
Düften, Farben und atmosphärischem
Ambiente die Gemütslage zusätzlich
beeinflussen kann.

Stand der Preise: 1.6.2000. Änderungen vorbehalten

FALKEN

Relax Weekend
Von K. Schutt – 112 S., gebunden
ISBN: 3-8068-**7526**-X
Preis: DM 24,90

Wenn nichts mehr geht, hilft das am besten: einmal so richtig ausspannen und die Seele baumeln lassen. Gönnen Sie sich ein Wohlfühl-Wochenende zu Hause. Das Buch stellt sechs individuellen Verwöhnprogrammen von Freitag bis Sonntag vor.

Super Frisuren
Von M. Gruhlke – 112 S., gebunden
ISBN: 3-8068-**7527**-8
Preis: DM 24,90

Lust auf eine neue Frisur? Dieses Buch stellt Frisuren für jeden Haartyp und jede Gesichtsform vor. Es verrät, wie feines Haar mehr Fülle bekommt, dickes Haar in Form gebracht wird und Naturwellen traumhaft schön aussehen können.

Fat Burner
Von M. Gartner – 112 S., gebunden
ISBN: 3-8068-**7498**-0
Preis: DM 24,90

Wer kennt das nicht – eine entbehrungsreiche Diät, deren Erfolg schon bald wieder schwindet. Dieser Ratgeber wendet sich an alle, die ihre Figur straffen und dauerhaft Gewicht verlieren möchten, ohne ständig Kalorien zählen zu müssen. Wichtig dafür sind gesundes Essen und genügend gezielte Bewegung.

Chic mit Tüchern & Schals
Von E. Weber-Lorkowski – 48 S., gebunden
ISBN: 3-8068-**2535**-1
Preis: DM 14,90

Voll im Trend: mit Tüchern und Schals lässt sich jede Garderobe aufpeppen und der eigene Stil gekonnt in Szene setzen. Dieser Ratgeber im handlichen Format informiert über Materialien und Grundfaltungen und zeigt 22 bewährte Bindetechniken Schritt für Schritt.

Krawatten und Fliegen perfekt binden
Von M. Adam – 48 S., gebunden
ISBN: 3-8068-**1519**-4
Preis: DM 14,90

Ob dezent gemustert oder farbstark bedruckt – mit der Krawatte lässt sich individueller Stil demonstrieren. Für alle Männer, die ihrem textilen Halsschmuck den letzten Pfiff geben wollen, ist dieser attraktiv illustrierte Band eine Hilfe.

Neue kreative Wohnideen
Von H. Grund-Thorpe, K. Christiansen – 128 S., gebunden
ISBN: 3-8068-**7389**-5
Preis: DM 39,90

Wände gestalten, alte Möbel aufpeppen, Mini-Möbel bauen, Stauraum schaffen, Fenster dekorieren – mit ein paar guten Ideen kann man jeder Wohnung das „gewisse Etwas" verleihen. Viele Ideen und Anregungen stecken in diesem Ratgeber.